Seven Secrets Change Life

人生を変える7つの秘儀

江原啓之

マガジンハウス

はじめに

何かと不安の多い時代。あなたは今、〝幸せ迷子〟になっていませんか？　幸せとは何か、きちんと定義できますか？

実は、幸せを知る方法は、「料理」に似ています。アクの強いレンコンは、そのまま使えばエグみが残ります。でも、素材の癖を理解していれば、先に酢水にさらすなど、ひと工夫できる。それと同じで、あなた自身という〝素材〟を理解してこそ、「どうすれば幸せになれるか」も見えてくるのです。けれども、今、〝素材〟がまるでわかっていない人があまりにも多くなっています。

〝素材〟というのは、言い換えれば、「本当の自分」のこと。それがわからない限り、幸せにはなれません。みんな、「本当の自分探し」をしているようでいて、「〝自分にとって都合のいい自分〟探し」で終わっているからです。いいも悪いもひっくるめて〝自分〟なのに、いいところだけ見て、悪いところには言い訳をする。あなたはそんな〝間違った自分探し〟をしていないでしょうか？

そもそも、幸せは人それぞれ。目指す方向や目的地はみな違うのですから、「自分の幸せ」に焦点を当てなければ、いつまでも幸せは引き寄せられません。

私は30年以上にわたって首尾一貫、霊的真理を軸に人事百般のことを伝えてきました。ですが、いまだ、スピリチュアルなことを観念的・感覚的にとらえる人が後を絶ちません。ここは現世ですから、感情抜きにロジカルに考えてください。そうでないと、地に足がつかない〝漂う生き方〟になってしまうでしょう。

悩みを抱えたり、問題にぶつかったりすると、私のもとには「答えを教えてほしい」という声が届きます。でも、それをしてしまっては、経験と感動という〝大切な財産〟をあなたから奪うことになってしまいます。自分自身で考え、分析できてこそ、あなたが主人公の人生になるのです。この一冊を通して人生を見つめ直せるように、さまざまな問いを投げかけていきますから、ぜひ、あなた自身で〝考えて〟ください。

人生で起きることはすべて、あなたのオリジナル。ですから、周りと比べず、自分自身で答えを出さなくてはいけません。「本当の自分」と「真の幸せ」を知る鍵はあなたが握っています。

さあ、その手で人生を変えましょう。

人生を変える7つの秘儀　目次

第4の秘儀
心と体を整えて人生を変える

第5の秘儀

ライフプランを立てて人生を変える

第6の秘儀

人間関係を見直して人生を変える

第7の秘儀

自分で選んで人生を変える

準備編

自分の心の中を知る
ネラ式メディテーション

心が本当に求めていることと実際の行動が違うとき、物事はうまくいきません。
自分を知るための第一段階として、
簡単なチェックと瞑想をしましょう。

問 *1*

芝生のきれいな公園。
中央の道を進むと、
広場がありました。
そこには何がありますか?

A 女神像

B 石のモニュメント

C 騎士像

あなたはどの答えを選びましたか？　見えてくるのは「あなたの理想」です。

Ａの「女神像」を選んだ人は、あなたが女性ならば女らしい幸せを望んでいます。現実には男社会の中でバリバリ働いていたとしても、内心ではもっと「女性らしく生きたい」のです。好きな人に甘えたり、家庭を持ちたいという願望も……。「強い自分でありたい」と頑張ってきた人がＡを選んだ場合、「実は女としての幸せを一番に望んでいる」という事実をまず素直に受け入れることが必要です。あなたが男性の場合も、「女性らしい感性」や「家庭的な温かさ」への憧れが強いでしょう。

また、像の〝質感〟もチェックを。石膏《せっこう》でできているなら、どこかに甘さが残っている状態。「いつか結婚したいなあ……」と漠然とした夢物語を描いている段階でしょう。石やブロンズなどの硬い質感なら、女性らしい生き方への憧れがより強いことを示しています。

Ｂの「石のモニュメント」を選んだなら、「哲学的な人生を送りたい」という気持ちが強いでしょう。世間の汚い面は避け、「自分のことだけ」を見つめていきたいというのが本当の理想。理不尽なことには触れたくないという思いも強く持っています。

このタイプは、どっしり構える不動心があり、ひとりでいるのも苦になりません。自分自身の生き方を確立し、自立したいという思いがあります。結婚するとしても、相手とべったり付き合うよりも、適度な距離感を保つほうがうまくいくでしょう。また、モニュメントの〝光り方〟にも注目しましょう。光沢があり、キラキラと輝いているほうが、哲学的な生き方を求める気持ちがより強いということを表しています。

なお、石のモニュメントから「水晶」をイメージした人も、このタイプに当てはまります。

Cの「騎士像」を選んだなら、「これからまだまだ闘っていきたい」という思いが強いでしょう。仕事などでも「成果を出したい」という気持ちを抱くタイプです。また、「馬に跨《また》がった騎士」を思い浮かべた場合は、人生に躍動感や奔放さが欲しいと感じているでしょう。騎士のような勇者をイメージした人は、「心強い味方が欲しい」のです。Cを選んだ人は総じて、恋愛や結婚相手には同志的なつながりを求めるでしょう。

結果を通して、本当の自分を見つめましょう。それを知らず自らに嘘をついてしまうと、軸がぶれて迷いの多い人生になります。

強い自分になり、邪から身を護る秘儀

なりたい自分へと変化するためのメディテーション法❶

秘儀として、「なりたい自分へと変化するためのメディテーション法」も試すといいでしょう。

ここでは、女性が「女神像」を選んだ場合を例にとって説明します。現状の自分を振り返ってみて、「女らしい生き方」に違和感を覚える人もいるでしょう。その場合は、頭の中に女神を思い描いて瞑想してみましょう。頭を空にして思い描くうち、これまで自覚していなかった自分の本当の気持ちと出合うことも……。そこで、女らしく生きたいという思いが湧いてきたら、イメージの中で女神像の質感をより強固なものに置き換えてみて。石膏像をイメージしていたなら、ブロンズ像を思い浮かべると、思いが強化されます。

この例を参考にして、「自分のなりたい姿」を明確に思い描くと、その実現に向けての念力が生まれます。

問 2

足元を見ると箱があります。
中には何があるでしょうか？

A ハート

B 鍵

C 本

D 光

箱の中に入っていたものは、「あなたに必要なもの」を表しています。

Aの「ハート」を選んだなら、あなたは今、自分自身を愛することが必要です。「自分のことを好きになれない」と思っているときに、ハートを選びやすいのです。過去の出来事を思い出し、愛に関することでトラウマとなっていることがないか、振り返りましょう。

また、問1のチェックで導かれた〝理想の自分〟は何でしたか？　たとえば、女性が「女神像」を選び、今回「ハート」を選んだなら、「女性らしく生きたい」という理想があっても、そう生きることに恐れや不安を抱いています。このように、問1の答えも加味して分析すると、より深く自分を知ることができます。

Bの「鍵」を選んだなら、今のあなたは「勇気がない状態」。チャンスが与えられるのを待っているなど〝受け身〟になっていると、この答えを選びます。「素敵な恋人が現れますように」と必死に願掛けだけをして、自分では何もせず、ただ待っているタイプでしょう。

でも、運命は、自ら努力して創っていくもの。自分から動かなければ、出会いを引き寄せることはできません。鍵を選んだ人は、「人生を切り拓《ひら》くぞ！」と自らを奮い立たせ、勇気を出して具体的に行動を起こすことが必要です。

Cの「本」を選んだなら、あなたの人生には「知識」が必要というメッセージです。問1で知った「本当の自分や理想の姿」を実現するためにも、奥深い知識がなくてはなりません。頭でわかったつもりになって満足するのではなく、その知識を実生活に活かし、知識を教養に昇華させましょう。問1で「石のモニュメント」を選んだ人が、今回「本」を選択したら、「ひとりで生きる強さを持つには、知識が味方になる」といった具合に読み解くといいでしょう。

Dの「光」を選んだなら、日々の生活に疲れを感じていて、キラキラしたものへの憧れが強い状態。自分にないきらめきや崇高さを持った人に惹かれやすいでしょう。ただ、「出会えるはずがない」と早々に諦め、手近な相手で妥協することも……。そもそも、自分が輝いていない限り、理想の相手も引き寄せられません。自分から光を放てるよう、努力することが必要です。

「あなたに必要なもの」は、言い換えれば、「今のあなたに足りていないもの」。足りていない事実を理解し、補う努力をしましょう。

強い自分になり、邪から身を護る秘儀

なりたい自分へと変化するためのメディテーション法❷

たとえば、今回「本」を選んだ人が、恋愛がうまくいかずに悩んでいるなら、どこかで頭でっかちになっている可能性があります。そういう場合は、足元の箱に入っているものを「本」（知識）から、「ハート」（愛）に置き換えてみてください。ハートも、ひとつではなく箱いっぱいにあふれているところを想像し、心を愛で満たしましょう。

モチーフの組み合わせ方次第で何通りものストーリーが生まれます。慣れないうちはなかなかイメージが湧かないかもしれませんが、これも感性のレッスンです。「なりたい自分」に近づくためにも、柔軟にイメージしましょう。

‖ 問 3 ‖

生け垣をくぐり、
歩いていくと水辺に出ました。
目の前にあるのは
どんな水辺ですか？

A とてつもなく大きい

B やや大きい

C 小さい

D 流れがある

水辺が表すのは、あなたにとっての「社会」です。

Aの「とてつもなく大きい」水辺を選んだなら、とても高い理想を持っています。いい意味で言えば向上心がある人ですが、ネガティブなほうに針が振れると、「あれもこれもと欲張りすぎ」になってしまいます。時には、自ら掲げた高すぎる理想を前に、思わず足がすくんでしまうことも。社会という途方もなく大きいフィールドに恐怖心を抱きやすいでしょう。まず今の自分の実力や処理能力を冷静に見極め、「何を優先すべきか」を考えることが必要です。

Bの「やや大きい」水辺を選んだなら、リアリストです。仕事など社会と関わることを通して、現実の厳しさを知っています。ただ、時として知識先行になりがちで、「それって、こういうことでしょ？」とわかったつもりになることも。明確に自分を理解していると思っているかもしれませんが、実は正しく見えていない可能性があります。この本を通して自分を知り、現実と向き合っていきましょう。

Cの「小さい」水辺を選んだなら、あなたは豪毅《ごうき》な気性の持ち主と言えます。社会に対して恐れはなく、何が来ても「よし！　乗り越えてみせるぞ！」と発奮できるタイプ。実際、どんなことでもやってのける強さもあるでしょう。ただ、この長所は裏を返すと、大雑把という短所にもなります。勢いはあるけれど、後から振り返ると穴ばかりになることも。気をつけないと、知らないうちにつまずいてしまうでしょう。後悔しないためにも、準備段階からひとつずつ丁寧に確認するなど、細心の注意を払ってください。

Dの「流れがある」水辺。川のように流れがあるものを想像した人は、常に「時代に乗り遅れないようにしなきゃ」と思っています。ただ、心の奥には「変化についていけるだろうか」と不安に思う気持ちや「センスがない私には、きっと無理」という諦念も。ですが、「案ずるより産むが易し」。諦める前に、脱皮する勇気を持つことも必要です。愚痴《ぐち》る時間があるなら、有益な情報を収集して、自分を磨きましょう。

今の日本を見ると、「明日はどうなるのだろう」と不安になったり、社会への不満が尽きないと感じる人も多いのではないでしょうか。でも、究極を言えば、細々とでも食べていけさえすれば生き抜けます。自分の道を正しく知り、腹をくくって生きれば、怖いものはありません。

強い自分になり、邪から身を護る秘儀

なりたい自分へと変化するためのメディテーション法❸

無差別に悪意を向けられることも珍しくない現代社会。邪から身を護《まも》る術を知っておくことは安心につながります。「社会に出るのが怖い」と感じる人は、ネラ式メディテーションで、「目の前の水辺」をできるだけ小さくイメージしてみましょう。「怖いものではない」とイメージを置き換えていくことができます。

また、悪意を持った人や負のオーラに感応しやすい人は、呼吸法も試してみましょう。オーラはアンテナのようなもので、いいものも悪いものもキャッチしてしまいます。おへその下あたり（丹田）を意識しながら一度息を止め、ひと息でハーッと吐ききりましょう。ネガティブなものを一気に吐き出せ、切り替えられます。

‖ 問 4 ‖

水辺に出たあなたは、
向こうへ渡ろうとします。
どうやって渡りますか？

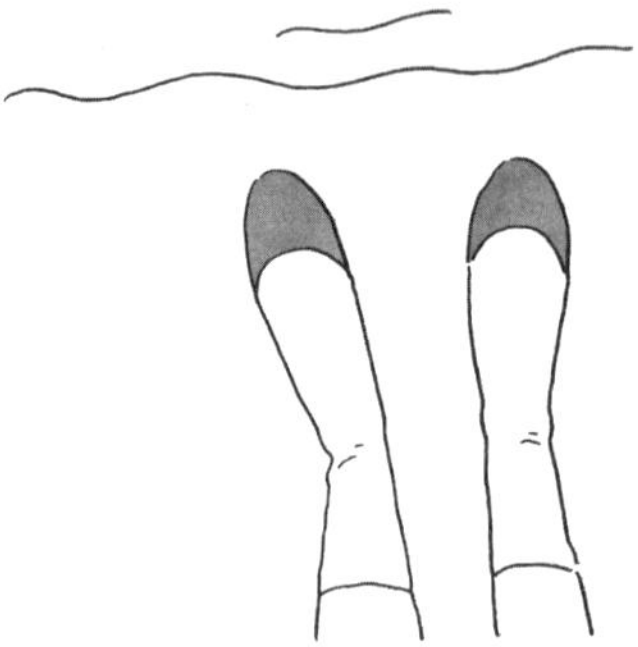

A 船に乗る

B 泳ぐ、水中を歩く

C 水辺沿いに歩いていく

D 空を飛ぶ、水上を歩いていく

この答えから見えてくるのは、あなたの「社会の渡り方」です。

Aの「船に乗る」を選んだ人は、常に頭で計算し、段取りを考えています。ただ、「船」というものを使うことからもわかるように、依存心の高さが根底にあります。たとえば、就職活動をするときなども、使えるコネがないかをまず考えるタイプでしょう。

でも、他人ほどあてにならないものはありません。たとえば、ハイスペックな結婚相手を見つけたら、永遠に幸せでいられると思いますか？　いいえ。パートナーが急に失業することもあります。人生、一寸先は闇。人に依存することほど、心もとないことはないのです。

Bの「泳ぐ」「水中を歩く」を選んだ人は、自力で努力しようという志があるタイプ。ただ、気をつけないと、自信が過信につながってしまうことも。それこそ、勢いと気合いだけで水の中に入れば、後悔します。実際、海で泳ぐなら、まず天候や波の高さなどを調べ、視野に入れるはず。無防備に海に飛び込んだら、どんな泳ぎの名手でも溺《おぼ》れます。人生という遠泳もそれと同じです。また、せっかちすぎる一面もあるので、慌てて誤った情報をつかまないよう、注意することも必要です。

Cの「水辺沿いに歩いていく」を選んだ人は、手堅いタイプ。人生を歩むうえで、堅実なのは悪いことではありません。石橋を叩《たた》いて渡る慎重さを持っているということだからです。ただこれも裏を返せば、それだけ臆病だということ。自分の軸が定まっていないため、人と比べては一喜一憂しがちです。でも、それでは「あなたの幸せ」を見失ってしまうでしょう。「私はこの生き方を選ぶ！」と言いきれるだけの〝自信〟を身につけましょう。

Dの「空を飛ぶ」とか「水上を歩いていく」という奇想天外な方法を選んだ人は、社会性の欠如に危機感を持たなければいけません。将来について考えるときも、何の計画性もなく、「まぁ、何とかなるんじゃない？」と軽い気持ちになってしまうタイプです。夢見がちで、地に足がついていません。スピリチュアルなことが好きな人の中には、このタイプが少なからずいるのですが、霊的真理を正しく理解している真のスピリチュアリストならば、〝お花畑〟でのほほんと生きるほうが怖いと感じるはずです。目をしっかり開けて社会の現実を見なければ、幸せを逃します。

強い自分になり、邪から身を護る秘儀

なりたい自分へと変化するためのメディテーション法❹

各メディテーションを通じ、本当の自分を新たに知ることができましたか?

たとえば、今回のメディテーションで水辺沿いを歩いた人は「堅実」。でも、黙々と歩いているぶん、周りの人とあまりコミュニケーションをとれていないでしょう。このように、どの回答を選んでも一長一短がありま す。どの答えが正解ということではなく、選んだ回答を通して、長所や短所をくまなく知ることが大事です。

未熟な部分に気づき、長所に変えていければ、人生は豊かになります。たかが瞑想とあなどらないこと。思いの力は絶大です。強くイメージする力があればあるほど、念力も生まれ、現実に引き寄せることもできるからです。

7つの秘儀を
手に入れるために

本書は、あなたが「人生を変える7つの秘儀」を手に入れられるよう、各章に3つの〝問い〟を用意しています。「第1の秘儀」から順にその〝扉〟を開けていってください。

ここでは、ひとつの〝問い〟につき、二度、あなたに問いかけます。初めは、そのときに感じたままを素直に書き込んでください。そして、その後に続く文章を読んでから、アフターチェックに臨みましょう。改めて問いかけますので、二度目はしっかりと時間をかけて考え、書き込んでください。

両方を比べ、〝心の変化〟を見つめてもいいでしょう。自分が導き出した答えを頭に入れたうえで、さらに読み進めると、「秘儀」についての理解が深まります。

この本は、読むだけではなく、「書くこと」も大切にしています。書くことによって、心と頭の中を整理できるからです。ただ、日頃から本心を隠す癖がある人や、そもそも深く考えてこなかった人は、初めはうまく書き進められないかもしれません。わからなければ何度でも読み返し、何回書き直しても構いません。

第1の秘儀

「本当の私」を知って人生を変える

Ask Yourself

人から言われて
嬉しかった
「褒め言葉」は
何ですか?

あなたが人から言われて嬉しかった「褒《ほ》め言葉」は何ですか？　思いついたものをいくつでも自由に書き出してみましょう。また、そのきっかけとなった出来事も思い出して書きましょう。

嬉しかった褒め言葉は？

そのきっかけとなった出来事は…

さて、どんなワードが並んだでしょうか。ここでわかるのは、あなたの「幸せポイント」です。その読み解き方を紹介しましょう。たとえば、「仕事の成果を褒められて嬉しかった」のなら、自分の技能や才能を表立って評価される環境に身を置くことが、幸せへの道となります。ひとりの人間として評価してほしいという思いが強いので、「女なんだから」などと、性別でくくって語られるのを良しとはしないでしょう。

パートナーから「家庭に入ってほしい」と求められた場合も、仕事と家庭を両立するほうが、調和がとれるはず。納得したうえで家庭に入るのではなく、「いい妻でありたい」といった動機で自分に嘘をついてしまうと、幸せを引き寄せるのは難しくなります。

もし、仕事を辞めて家庭に入ったとしても、家事のエキスパートとしてブログやインスタグラムなどで注目を浴びるなど、表に出て評価されることで幸せを実感するタイプです。

一方、表舞台ではなく、裏方に徹してこそ輝く人もいます。このタイプは、普段から目立ったり、表立って評価されることにそれほどこだわりません。仕事でも補佐役が適任で、家庭でも内助の功を発揮することに幸せを感じます。「いつもよくやってくれていて、助かってるよ」と、その頑張りを見てくれている人がひとりでもいれば、十分心が満たされるでしょう。

両極のケースを例にとってお話ししましたが、気質による「向き・不向き」があるだけで、優劣があるわけではありません。友達が表舞台で輝いていて、それを内心うらやましく感じていても、あなたが「裏方タイプ」なら、表に立つのはやはり〝分不相応〟なのです。ここでいう「分」は〝身分〟ではなく、持っている〝器〟のこと。自分の器を知り、それに沿って歩めば、迷いなく「私の生き方はこれ！」と言えるようになるでしょう。比べる心は、不幸のモト。自分を生かせるフィールドがわかれば、人生の選択で悩むこともなくなります。

ただ、言葉とは不思議なもので、同じ一言を言われても、受け取る側の心持ち次第で、褒め言葉にも嫌みにも聞こえるもの。たとえば、「あなたの笑顔、いつも素敵ね」と言われたとき、ひがみ心を持っている人は「そのくらいしか褒めるところがないんだ」と思い、素直に受け取った人は「嬉しい」と感じます。

結局、人は、〝自分というフィルター〟を通して物事をとらえ、受け取ってしまうということ。ですから、周りからかけられた褒め言葉に自分の感情がどう反応するかもあわせて分析すると、より深くあなた自身の「本当の心」が見えてくるはずです。

幸せポイントをきちんと見極め、心の軸を定めましょう。何に幸せを感じながら生きていきたいのか。それを知るための秘儀もお教えします。やり方は簡単。いろんな人に褒めてもらうのです。「私の長所って何?」と気軽に聞けるのが一番ですが、言い出しにくいならこのページを開いて「こんなふうに書いてあるから、ちょっとやってみない?」と誘ってみて。同僚や家族など、いろんな人に尋ねるのがポイント。自分では思いつかなかった長所を指摘されるかもしれませんが、その中で一番ピンときた内容を覚えておいてください。

本当の自分を知る鍵となる言葉には、必ずあなたのオーラが反応します。ですから勘を研ぎ澄ませて、気になった言葉をチェックしましょう。

アフターチェック

あなたの幸せポイントは何でしたか？
これまで見えていなかった感情や本心を見つめ、
気づいたことを書き込みましょう。

年　　月　　日

ワンポイント秘儀

周りから褒めてもらって、嬉しいと感じた言葉にはあなたの「幸せポイント」がありますから、探してみましょう。

Ask Yourself

何度も
繰り返してしまう
ことは何ですか?

「ああ、またやってしまった」と何度も繰り返してしまうことは何ですか？　仕事や恋愛、性格面にいたるまで「繰り返してしまうこと」を思い浮かべましょう。そしてそれを自由に書き出してみてください。ひとつに絞り込まなくて構いません。

何度も繰り返してしまうことは？

そのきっかけとなった出来事は…

「何度も同じ目に遭うなんて、すごい偶然」と一言で片づけてしまうのは、運を逃す人の典型です。スピリチュアルな視点で言えば、この世に偶然はなく、すべて必然。そして「いつも同じことを繰り返す私って、ほんとツイてない」と嘆く悲劇の主人公もまた、本当の幸せからは最も遠いところにいます。

同じことを繰り返す〝意味〟を見つめず、なかにはかなり飛躍して、「私、呪われている？」なんて妄想までしたら、完全に〝スピリチュアル・ミス〟を犯しています。

私たちはたましいの存在であり、この世には経験と感動を積む旅に来ているというのに、「ツイてない＝不幸」ととらえてしまうのは、霊的真理の誤用です。霊的真理を正しく理解していれば、苦難こそが、成長のためのギフトだとわかるはずなのです。

何度も繰り返してしまうことには、実は過去世からのメッセージが潜んでいます。繰り返してしまうことを見れば、あなたのたましいが過去にどんなことにつまずいたか、何をやり残してきたか、おおよその予測がつくのです。

たとえば、今、人間不信を抱えている人は、過去世でも信頼していた人にこっぴどく裏切られた苦い経験があるのかもしれません。あるいは逆に、人を信じず横暴な態度をとっていたから、現世ではそれとは逆の立場から学んでいる可能性もあります。

いずれにしても、過去世で乗り越えられていない課題を「今度こそ克服したい！」と志して、自らカリキュラムとして選んできたのです。

こうした「課題」は、乗り越えない限り、何度でも繰り返します。繰り返してしまう出来事や悪癖は、〝しつこい汚れ〟と同じ。掃除の達人は、汚れを重曹などでうまく浮かび上がらせて徹底的に落とすそうですが、たましいを磨くうえでも、同じように考えましょう。「何度も繰り返すこと」は、ようやく浮かび上がった汚れ（＝自らの未熟さ）なのですから、見て見ぬふりはせず、克服することが大切です。

汚れを無視していると、〝自ら蒔《ま》いた種は自ら刈り取る〟という「因果《いんが》の法則」で、何度でも同じ課題がやってくるでしょう。でも、「乗り越えるまでやり直せる」という意味でとらえれば、これほど愛のある法則はないとも言えます。

なかには、過去に何度も傷ついた経験やそのときの痛みを思い出し、次に同じようなことがやってくると、恐れが湧き上がる人もいます。でも、先ほどの汚れのたとえで言えば、「また汚れが浮いてきた」とおののいているのと一緒。そこで逃げたら、結局また次も汚れを見せつけられ、そのたびに試練だと感じることになります。

何度も試練を迎えるほうが、ずっと大変だと思いませんか？「人生を変えたい！」と願うなら、「乗り越えたくて生まれてきた」という出発点を思い出しましょう。腹をくって、自分の課題に向き合うことが、スピリチュアルな成就への道です。

アフターチェック

「何度も繰り返してしまうこと」から、
自分の課題が見えてきましたか?
乗り越えられていない課題を書き込みましょう。

年　　月　　日

ワンポイント秘儀

同じことを繰り返してしまいそうな人は、書き込んだ課題や決意を目につく場所に貼るか、待ち受けにしてみて。常に目にとまるよう意識することで、念が強くなり、世界にひとつだけの「あなた専用の護符」となります。

Ask Yourself

子どもの頃の嫌なことを引きずっていませんか？

「三つ子のたましい百まで」ということわざがありますが、子どもの頃の出来事が、大人になってからも尾を引いてしまうことは実際よくあります。「あのときの出来事が嫌だった」とはっきり自覚している場合もあれば、本人にはその記憶はないけれど、潜在意識に深く刻まれているケースもあるものです。

たとえば、子どもの頃に親から厳しく注意されたり、しつけられてきた人は、そのときの嫌な思い出が残っています。ですから、仕事で上司から叱責されたりすると、心がざわつきます。上司からのお小言を「うるさいなあ」と苦々しく感じ、無意識に表情が曇るなど、何かしらの反応が出てしまうのです。

子どもの頃の出来事であっても、決して見過ごせません。あなたもぜひ記憶をたどり、「嫌だった」と感じることがなかったか、思い出してみましょう。

子どもの頃、嫌だったことは？

そのきっかけとなった出来事は…

思い出そうとしても何も浮かばない場合は、〝逆読み〟で、今経験している「嫌なこと」や「苦手なこと」を見つめるという方法もあります。実はそれが、子どものときに経験した出来事に起因していないか探ってみましょう。すると、糸口が見つかります。

理不尽に傷つけられたり、つらい思いを味わったことを思い出したら、そのトラウマを癒やし、消し去るアプローチが必要です。たとえば親からの暴力など、根深い問題の場合は、専門家のカウンセリングを受けるなどして、複雑に絡み合った糸をほどくように、時間をかけて向き合っていきましょう。ここは現世ですから、地に足をつけて対処することが欠かせません。

もし、チクッと心に刺さる小さな棘《とげ》のような痛みであったなら、「そのトラウマは何が原因で起きたのか」に目を向け、自分自身で分析することもできます。「あのとき、学校の先生に厳しく指導されたことが嫌だったんだ」とか「きょうだいゲンカをしたとき、親が自分の言い分をまったく聞いてくれなかったのが嫌だった」など、いろんな感情が湧き出てくるかもしれません。それらを余すところなく見つめると、時が経って理解できることが出てくるはず。先生が厳しかったのは自分のためを想ってくれたからだと気づいたり、親が自分を大事にしていなかったわけではないと理解できたり……と、視点の変化を感じるでしょう。過去の自分や周りの気持ちに寄り添い、今改めて理解することで、そのときの自分を受け入れることができます。

また、あなた自身に原因があって引きずっている苦い思い出は、その経験を「教訓」に変えること。同じ轍《てつ》を踏まないようにするためにも、どこがいけなかったかを分析して書き出しましょう。失敗や苦い経験を無駄にせず、未来に活かすことが大切です。

過去の嫌な出来事と向き合っていく秘儀として、子どもの頃から今までのあなたの写真を見直すことをおすすめします。アルバムにまとめられているなら、それを１ページずつめくって、昔の自分とアルバムの中で再会してみましょう。

すると、その中のある場面で手が止まったり、パッとその当時の情景がフラッシュバックする写真が出てくる可能性が……。心が落ち着かなくなったり、苦い思い出が甦《よみがえ》ってくるかもしれませんが、感情が揺れ動いた写真には、トラウマの原因を知るヒントが隠れています。それが何かを知ることは、心を整理する第一歩。わだかまりを水に流すきっかけをつかめます。

アフターチェック

なぜ嫌だったのか、原因を分析できましたか?
今、改めて理解できたこと、
気づいたことなどを書き込みましょう。

年　　月　　日

ワンポイント秘儀

子どもの頃の写真を見直して、心の揺れと変化を観察してみましょう。

第1の秘儀をとく鍵

人から言われて嬉しかった言葉、これまでに何度も繰り返してきたこと、そして、子どもの頃の嫌な思い出。この3つの〝問い〟に答えることで見えてきたのは、「本当の私」の〝輪郭〟のようなもの。

あなたの幸せポイント、課題、トラウマをしっかりと見つめたうえで、ここでの秘儀を解き明かしていきましょう。

キーポイント

1 自己憐憫がないかを探りましょう

「本当の私」を知ること。それは、あなたが幸せに生きるために欠かせない大前提であるとお伝えしました。ですが、その「幸せになりたい」というあなたの思いの足を引っ張ってしまうものがあります。何だと思いますか？

それは、あなたの中に潜んでいる〝悪魔の心〟です。幸せになりたいと言いながら、あなたがその心を持っていたら、知らずしらずのうちに幸せから遠ざかってしまうのです。

その心のひとつが「自己憐憫《れんびん》」。自分のことをかわいそうだと憐《あわ》れむ気持ちが、あなたの中にありませんか？　心に抱く思いだけではなく、口にする言葉や日常のちょっとした行いが自己憐憫に満ちていたら、幸せになれないのです。

世の中には、さまざまな苦しみがあります。その渦中にあると、自分を憐れむ気持ちから逃れられないと感じるかもしれません。ですが、自己憐憫から離れて自律すべきなのです。

たとえば、体にアザがあって、それがトラウマで恋に臆病になっているとしましょう。でも、そこで「どうして私がこんな思いをしないといけないの」と自己憐憫に陥るか、このアザは本当にいい人を見極めるリトマス試験紙だと思えるかで、幸せをつかめるかどうかが違ってきます。人はみな何かしらの十字架を抱えて生きています。大なり小なり〝何か〟はある。そこで自分をかわいそうだと思うか、その〝何か〟も含めて本当の自分を受け入れられるかで、人生は変わるのです。

キーポイント

2 人はみな〝たましい〟の存在です

私たちはみな、たましいの存在。私はいつも「8つの法則」と言っていますが、その法則の大前提となるのが「スピリットの法則」です。この現世で過ごす時間は有限ですが、いのちの旅は永遠。死後もその個性は存続します。

そういう視点で言うと、あなたの今の個性の中には、過去世から引き継いだ課題があります。それらを知ることも、「本当の自分」を探る手段になります。

ただ、気をつけたいのが、自己憐憫を満たすために探ってしまうこと。たとえば、「何をやっても中途半端で終わるのは、過去世で早死にしたからに違いない」などと、過去世を言い訳にしては、何の開運にもなりません。自分を甘やかしたり、まるで傷口をなめ合うかのように、逃げの手段に使っては、たましいは成長しないのです。

自分の短きところ、つまり、未熟な部分から目をそらして、「私ってかわいそう」「私って不幸」と嘆くのではなく、短きは長くしなければなりません。そのためにも、未熟なら未熟という「本当の自分」を知るところから、人生を変える第一歩が始まるのです。

キーポイント

3 間違った開運法をやめましょう

私たちはたましいの存在ですが、今生きているのは「現世」。それを常に心に留めておくことが、人生を見つめるうえで重要なポイントです。「郷に入れば郷に従え」ということわざがありますが、ここは現世、その郷に従わなくてはいけません。

スピリチュアリストの私が言うと違和感があるかもしれませんが、私は安易な開運が嫌いです。神社にわらわらと詣で、願いを叶えるために湖に卵を沈めたりして、必死に祈願する人たちを見ると、「ああ、あの人たちは自己憐憫で視野が狭くなっているんだな」と呆れてしまうのです。視野が狭くなることほど、恐ろしいことはありません。

たとえば、もし、良縁祈願で訪れているというのなら、隣を見たほうがいい。我欲まみれで神様に祈るより、列をなして参拝している人に声をかけて、そこで「いい人」を見つけるほうが、ずっと現実的です。

自分でやれるだけの努力をしたけれど、万策が尽きた。だからお参りするというならまだわかります。でも、多くの人はそこまでも努力せず、楽を求めてお参りしているのではないでしょうか。

間違った開運法に走るのは、食べこぼした米粒をつけたまま「良縁を探しています」と言うようなもの。本当に縁が欲しいなら、米粒を取るのが先なのです。

この現世に生まれてきたのは、視野を広げるため。自己憐憫に陥る暇があるなら、本当の自分を鏡でしっかり見て、その狭い視野を少しずつでも広げましょう。

第2の秘儀

生きざまを見つめて人生を変える

Ask
Yourself

年をとることは
怖いですか？

今のあなたが何歳かは関係ありません。次の質問に答えてください。あなたは年をとることは怖いですか？　それとも楽しみでしょうか？

年をとることは…

そう感じる理由は…

まず、年をとることが「怖い」と答えた人に尋ねます。その理由は、次の3タイプのどれに近いでしょうか。まずひとつめは、今を充実させることができていない人。毎日の生活の中で幸せを感じていなかったり、満たされている気持ちがないと、年を重ねた先のことを考えるのが怖くなってしまうのです。

ふたつめは、これまで〝若さ〟しか自分の売りがなかった人。このタイプは、若いというだけで周りからチヤホヤされたり、いい思いをしてきたため、年をとることでそれらの〝特典〟が失われてしまうことを恐れるのです。

そして最後は、自分の見た目に自信を持っている人。見てくれ重視のこのタイプは、その美貌が衰えるのが怖くて、年をとることに嫌悪感を持ってしまいます。そのため、若さを保つためにお金をかけがちです。

すべてに共通して言えるのは、人としての〝中身〟を磨くことをおろそかにしているという点。内面を充実させるには、人生で喜怒哀楽をとことん味わって、〝感動〟する経験を積むよりほかありません。

今はシルバーヘアが流行っていて、加齢に抗《あらが》わない人も増えていますが、一方で、実年齢より若く見られたいと、アンチエイジングに必死になる人も多くいます。ドラマを見ても、〝昔ながらのおばあちゃん〟はすっかりいなくなりました。老人役を演じる女優さんの顔に皺《しわ》ひとつないということも珍しくありません。

昔の人は、「あなた、いつまでもお若いわね」と言われても素直に喜ばなかったでしょう。「若い」というのは、精神的な幼さや未熟さを指摘するもので、必ずしも褒め言葉ではないからです。

いつまでも枯れない草花がないように、人生も四季に沿って変化していきます。花盛りの時期を過ぎ、やがては枯れて土に還《かえ》るもの。そうした自然の理《ことわり》に逆らい、「年をとるのが怖い」と感じてしまう人ほど、まず、今を充実させることに心を傾けましょう。今を輝かせるために行動を起こしたほうが、よほどプラスになります。

「年をとるのが楽しみ」と感じている人は、今すでに心が満たされ、充実している状態にあります。でも、そこで成長を止めず、「さらに上へ、少しでも先へ」と意欲を持って、自分を高める努力をしていきましょう。

理想を言えば、誰しもが「年をとるのが楽しみで仕方がない」と感じる生き方をしないといけません。喜怒哀楽さまざまな人生経験を重ね、「心の年輪」を増やしていってください。

人は、生きたように死んでいきます。だからこそ、いかに豊かに年齢を重ねるかが問われるのです。やがてあの世に旅立つとき、あなたはたましいの成長レベルに応じた境地に行くことになります。これを「ステージの法則」と言うのですが、人生を終えるときにどれだけたましいを成長させられたかが、死後にも大きく影響を与えるということです。

そして、もうひとつ忘れてはならない視点は、実は今のあなたも、たましいの成長度に合わせたステージに生きているということ。たとえばもし、すぐ感情的になってしまうなら、「幽体《ゆうたい》レベル」で停滞している状態です。その心境は低く、小我《しょうが》（利己主義な自己愛）ですから、あの世の階層で言えば「幽界《ゆうかい》」の下層部にいるようなもの。一方、理性的な判断ができるときは、霊体《れいたい》レベル、つまり〝たましいの視点〟で物事をとらえられている状態。その心境は、あの世で言えば、大我《たいが》（利他愛）に目覚めたたましいが集う「霊界《れいかい》」にいるのと同じだとイメージしてください。このように、〝日々の波長〟と〝死後のステージ〟はよく似ているのです。

肉体の年齢を重ねても、たましいが成長せず幼いままの人もいれば、その逆もあります。加齢による見た目の変化を気にするよりも、自分自身の内面やたましいがどれだけ成熟したか。そのことにもっと関心を向けるようにしましょう。どのステージに生きるか。その選択権は、あなた自身に与えられているのですから。

アフターチェック

年を重ねることの意味を見つめながら、
今の自分を高めるためにできることを
よく考えて書き出しましょう。

年　月　日

ワンポイント秘儀

年をとることへの恐れが消えない人は、花を飾り、その花が枯れるまで丁寧にお世話してみましょう。枯れるのをしっかり見届けることが鍵。枯れゆくさまに未来の自分を重ねてください。

Ask Yourself

恋を重ねてきましたか？

過去の恋愛や進行中の恋愛を見つめ直したとき、胸を張って中身の濃い時間を過ごせたと言えますか？　ここで一度、これまで経験した恋愛を振り返ってみましょう。

今までの恋愛で印象深いことは？

その理由は…

惹かれる相手、好きになる相手というのは、「波長の法則」で自ら引き寄せた人。似た者同士であったり、または真逆の個性を持って学び合う関係だったりします。この「波長」については別の章で詳しくお伝えしますが、実は「ステージ」（階層）と「波長」はほぼ同一のものを指しています。

そういう意味で、恋愛はまさに「鏡」の役割。その鏡には相手のことはもちろん、あなた自身のこともはっきり映し出されます。自分のたましいが今どれだけ成長しているか、どんなステージにいるのかをつかむことができるのです。

恋愛を通してあなた自身、成長できているのか。それが知りたいなら、ぜひ、実際の鏡にも自分を映してみて。あなたの顔は幸せそうですか？　過去の恋を自分なりに消化でき、今の恋も充実しているなら、きっと笑顔で、穏やかな表情をしているでしょう。

また、恋人と一緒に撮った写真を見直すのもおすすめ。あなたと相手の顔は幸せそうに見えますか？　明るさが感じられるかチェックしてみましょう。うまくいっていたら、ふたりとも幸せな顔をしています。ふとした瞬間をとらえた写真にも、お互いの気持ちが反映されるものなのです。写真を見て、喜怒哀楽のうち「怒」と「哀」の感情が湧き上がってきたとしても、相手を悪く思ってはいけません。その人を選んだのはあなた自身。ですから、相手にネガティブな感情を向けるのは、あなた自身に怒りや哀しみをぶつけているのと同じになってしまいます。

恋人に対する不満があると、すぐ悪口を言う人がいますが、これは、自分の見る目がないことを周りに吹聴するようなもの。相手への不満を並べるよりも、相手の本質を見抜けなかった自分自身を反省するべきなのです。付き合ってみたらろくでもない相手だったのだとしたら、あなた自身にも未熟な部分があったということになります。

もし、自分を省みることなく、不平不満ばかり言っていたら、今後も文句ったれの人しか寄ってこないでしょう。結局のところ、自分が変わらなければ、出会いは変わりません。

出会ったときの波長やステージ。それを分析するのと同じくらい大事なのは、別れのときの互いの心境です。もし、相手を憎んだまま別れるときは、実はあなた自身の中にその人に対する依存心があったことに気づかねばなりません。依存心がなければ、憎しみは生まれないのですから……。どこかでその人に期待したり、見返りを求めてしまったから、泥沼にハマるのです。

よい別れ方がどんなものかがわからないときは、懐メロの歌詞に耳を傾けてみましょう。ドロドロした歌もありはしますが、昭和歌謡の世界観には情緒があります。

憎み合う前に自分から身を引く潔い姿が描かれていたりして、とても深いのです。私のことをこういうふうに扱って！　と一から十まで言わないと伝わらない今と違い、相手のことを思いやる想像力が豊かだったように思います。

先々で幸せな恋をするためにも、幸せに別れることは大事。たとえば、「浮気性の彼と別れられない。都合のいい女になっているのはわかっているけど、縁が切れない」。そんな悩みを抱えた場合には、自分の中に宿っているさまざまな愛を裏切らないことで、美しく決別できます。今まで生きてこられたのは、これまで育み育ててくれた家族や支えてくれた仲間など、いろんな愛があったから。あなたが自分を大事にしなかったら、これまで注がれてきた大切な人たちからの愛も裏切ることになってしまいます。

どんなふうに恋を重ねてきたか、そしてそれによってあなたのたましいがどれほど成長できたかをしっかりと分析しましょう。ひとつやふたつの失恋で嘆かず、何度でも恋をすればいいのです。試練を乗り越えていく過程で、鏡はどんどん磨かれるのですから。そして、その鏡に相手と自分を映して、お互いを理解していきましょう。

アフターチェック

これまで重ねてきた恋を振り返り、
自分を磨けた部分、磨き残しの部分はどこか、
分析して書き込みましょう。

年　　月　　日

ワンポイント秘儀

恋愛に限らず、悩む原因はみな自分にあります。人からこうされた、ああされたと不満を抱くときも、結局そうしているのは、あなたなのです。すべての責任は自分にあると腹をくくれれば、依存心を断ち切れます。

Ask Yourself

あなたは「ひとり旅」ができますか？

旅は、人生そのもの。人生で出会う喜怒哀楽は、旅行で言えば、さながら観光名所のようなものなのです。その視点から言っても、私は皆さんにぜひ、もっと旅に出てほしいと思っています。実際の旅を通して、人生という旅にも思いを馳《は》せることができるからです。

それもできれば、ひとり旅をおすすめします。

あなたは「ひとり旅」ができますか？

そう思った理由は…

旅、なかでもひとり旅について尋ねましたが、団体旅行や友達との旅行とは違う楽しさがそこにはあるのです。パックツアーでは最初からスケジュールが決まっていたり、友達との旅行では相手に合わせないといけないでしょう。その点、ひとり旅だとアレンジは自由。宿の手配から食事にいたるまで、自力で考えることになるので、依存心があってはプランを立てる段階から頓挫します。ひとり旅には、自立心の有無が問われるのです。

車窓から流れゆく景色を見て、忙しい毎日の中ではできない思索にふけるのもいいでしょう。考える時間を作れることも、ひとり旅の醍醐味です。食事だけはひとりだと寂しいと思うかもしれませんが、地元の人が集まる食堂を選べば、そこでコミュニケーションもとれます。その土地で採れるものにはエナジーがありますから、地元の人におすすめを聞いて、パワーフードを味わうのも、癒やしになるでしょう。

もちろん、どんなに気を引き締めていても、アクシデントに見舞われることもあるかもしれません。でも、予想外の出来事に遭遇することも、よい経験となります。私自身、独身時代からよく旅に出ていましたが、それこそ、いろんなハプニングに見舞われました。イタリアの山奥で急に体調が悪くなったときには、親切な人に助けられ、救急病院に連絡をしてもらったこともありました。ある空港で、荷物が重量オーバーして困っていたとき、助けてくれたのは、日本の商社マンの方でした。そのほかにも、身の危険を感じた出来事もありましたが、その都度手を差し伸べてくれる出会いがあったことは、30年以上前のことながら、よく覚えています。困っているときに触れた人の温もりは、忘れられない感動となるのです。自立心を持って旅に出ることは大事ですが、本当に困ったときには助け合う。これもまた、人生に通じる真理でしょう。

人生にも、予想だにしないハプニングは起こります。でも、それを恐れるのはもったいないこと。そのときは本当に大変でつらく苦しくても、後になってみれば、「あぁ、そんなこともあったなあ」と、懐かしく思い出せるものです。いえ、むしろ、そういう思い出ほど色濃く残るはずです。順風満帆に進み、何も起こらない毎日より、波瀾《はらん》万丈の人生のほうが「経験と感動」を積めて、たましいは豊かになります。

実際に旅行に出て、突然の出会いやハプニングをも楽しんでください。日本だけではなく、海外にも目を向けてどんどん外に出ましょう。悩んでいることがあるときも、旅は力をくれます。それこそハワイのマウナケアの頂上で雲海でも見れば、「あぁ、ちっぽけなことで悩んでいた」と目が覚めるでしょう。

もし、何かで挫折して「死んでしまいたい」と思うほど苦しいときでも、旅に出てみましょう。あなたのことなんて誰も知らない、そんな新しい場所が必ずあります。人はどこでも生きていけるし、いつからでもやり直せるのですから、人生という旅を最後まで生き抜いてください。

旅は人生の〝縮図〟であると同時に、死後の世界の〝予習〟でもあります。一生を精いっぱい生き抜いた後、あなたはこの現世という修学旅行先から、懐かしい〝たましいの故郷《ふるさと》〟に帰ります。そこでは、必要に応じて守護霊の導きを得ることもありますが、基本は〝ひとり旅〟。現世での旅の思い出を振り返りながら、自分自身を見つめる〝新しい旅〟が始まるのです。

アフターチェック

ひとり旅ができるかどうか、その理由を分析しながら、
あなたの「人生の旅」に足りていないものを
すべて書き込みましょう。

年　　月　　日

ワンポイント秘儀

「旅に出たい!」そんな強い気持ちが湧いたときは、直感に従って行きたい場所に出かけましょう。そのひらめきは、あなたの人生の転機を告げる導きです。波長が変わり、新しいステージに進む前触れかもしれません。

第2の秘儀をとく鍵

年をとることについて、これまでの恋愛、そして旅について。これらの〝問い〟を通して見つめたのは、あなたの「生きざま」。これまでの人生を振り返って、どんな経験をしてきたのかをここであぶり出しました。
生きざまを見つめることは、また別の重要な視点も授けてくれます。

キーポイント

1 生と死は地続き

死後、私たちのたましいがどんな道筋をたどるのか。ここでその入り口を少しおさらいしましょう。人が亡くなるとまず「幽現界《ゆうげんかい》」というこの世とあの世の重なり合ったところに向かいます。ここで死を受け入れて、次に向かうのが「幽界」です。この幽界はさまざまな階層（ステージ）に分かれていて、最下層部にはまるで地獄のようにどんよりとした世界があり、最も高いところにはサマーランドと呼ばれる天国のようにのどかなところがあります。でも、皆さんが想像する天国や地獄とは違い、すべて「あなたの心象風景」の表れなのです。

そして、この「幽界」のうち、どこの階層（ステージ）に行くかは、あなたが今生きている人生でどれだけたましいを豊かにし、経験と感動を積むことができたかで変わってきます。いつも人の悪口を言ったり妬んだりしてばかりだったなら、似た者同士が集うところに平行移動します。それを外から見れば、さながら「地獄」のように思えるでしょう。「幽界」の下層部であればあるほど、この現世そっくりそのままで、ほとんど変わらない世界です。

死後の世界と今は、ある意味地続き。今あなたがどんなふうに生きているのか。そしてどんなふうに死んでいくのか。それによって、死後の〝生〟が大きく違ってくるのです。

キーポイント

2　悔いのない人生を！

人生を終えるときの心境、たましいの成長度が死後の過ごし方を大きく左右する。そう聞けば、「襟《えり》を正そう」と思う人も多いのではないでしょうか？　あの世に行ったらみな悔い改めて、急に善人になるわけではありません。現世で頑固だったら、あの世に行っても同じ。そこから自分を見つめる長い旅が始まるのです。

もし、あの世というものがなかったら、この現世を好きに生きたほうがいいでしょう。欲望のままに突っ走ったほうが楽しいに決まっています。でも、あの世はあるのですから、その〝先〟のことを考えたら、まず、この現世を悔いなく過ごし、生き抜くことが大切だとわかるはずです。人間ですから、どう頑張ってもある程度の悔いは残るかもしれません。でも、志としては、「悔いのない人生を送ろう！」という強い思いで自分の一生と向き合ってほしいのです。その気持ちがあれば、今という時間を決して無駄にはできません。どう生き、どう幕を引くか、人生を俯瞰《ふかん》して考えようと思うのではないでしょうか。

現世だけではなく、永遠のたましいとして生きるあの世のことまで思いを馳せたら、今抱えている悩みさえ、「なんてことはないな」と思えるはず。今だけの視点で見るから、苦しくなるのです。長いスパンと広い視野で見られれば、受け入れ上手になり、何があっても笑い飛ばせるくらいのたくましさが身につくでしょう。

キーポイント

3 ひとつずつ気づいていきましょう

自分の人生と向き合うためにも、まずはどれだけ成長できているかを知りましょう。そのためにもぜひこの本を有効活用してください。質問に答え、書き進めるうちに、思考が整理されていくはずです。人生を変えたいと思っている人が、自分では何もせず、何かが起きるのを待ち構えているのは怠惰。怠惰な土地には花は咲きません。

自分がどういう人間なのか。それを知らない限り、人生を変えることも、幸せをつかむこともできないのです。ですから、誕生日や新年を迎えたタイミング、人生に変化があったときなど、節目に合わせて「いくつ本当の自分に気づけたか」を見直してください。気づきの数だけ、幸せも築けるのですから、どんどん書き込んでいきましょう。

そして、「ステージの法則」で忘れてはいけないのは、絶対に人とは比べないということ。人それぞれ、持って生まれたカリキュラムも異なりますし、今いるステージも違うのですから、「本当の自分」と他人の価値観とを比べてはいけません。人と比較せず、自分の価値観をひとつずつひもといて、本当の自分に気づいていってください。

第3の秘儀

鏡を見て人生を変える

Ask Yourself

人から言われて気に障る言葉は何ですか？

あなたに問いかけます。人から言われて気に障《さわ》ってしまう言葉を思い出して、書き出しましょう。また、そのとき、なぜ気に障ったのか、嫌だと感じたならその理由も考えてください。

言われて気に障った言葉は？

その理由は…

書き出す過程で、「あのとき、あの人に言われたことが本当に嫌だった」などと、ネガティブな感情が湧き上がってくるかもしれません。ですが、ここで分析すべきは、その人の言動がなぜ気に障ったのか、という理由です。

たとえば、独身生活を謳歌《おうか》しているのに、「独身主義って、寂しくない？」と言われ、グサッと心に突き刺さったとしましょう。心の奥まで見つめ内観すると、「本当は家庭を持ちたい」と望んでいる自分に気づくかもしれません。実は、自分の心に嘘をついて、「ひとりが気楽なんだ」と強がっていただけということもあります。

また、たとえば、同僚の言い方がきつくて、いつも責められているように感じているとしましょう。実は、その言葉が引っかかるのは、言われたほうに〝やましさ〟があるから。自分自身、どこか怠けている自覚があるから、ささいな一言でもきつく聞こえるのです。やるべきことをきちんとやっていたら、「言いたい人には好きに言わせておけばいい」と正々堂々としていられるはず。気に障ったのは、相手ではなく、自分に問題があるのですから、まず己の怠け心を戒め、改善しなければなりません。

それがわからず、相手を悪く言っていると、負のスパイラルにはまるだけ。そんな姿勢では、自分自身をパワースポットにするなど絶対にできません。他人の言動に過敏に反応してしまうときは、心の膿《うみ》出し、生まれ変わるチャンスととらえましょう。

気に障るということは、何かしらの理由（因）があなたの中にあるということ。よく講演会でもお話ししていますが、私が「デブ！」と言われて腹が立つとしたら、思い当たるところがあるから。痩せている人が同じことを言われたら、さしずめ「デーブ」という人を呼んでいるのかしら……くらいにしか思わず、気にも留めないはず。

つまり、図星だからこそ、気に障るということです。そう考えれば、たとえ気に障ることを言ってくる人がいたとしても、その人を恨むのはお門違い。その人は、あなた自身を理解するための「鏡」を見せつけてくれたというだけのこと。そして、その人を引き寄せたのも、あなたの波長なのです。

ですから、「あの人、どうしてあんな言い方しかできないのかしら！」などとカッカすればするほど、波長は下がりますし、悪しき種も蒔いてしまいます。「人を呪わば穴二つ」ということわざがありますが、他人のことを悪く言えば、それは自分に必ず返ります。もちろん、あなたとて、人のことを悪く言うのはきっと嫌なはず。他人の言動が気に障って仕方がないときほど、相手に矛先を向けず、自分の内面と向き合うように〝切り替えること〟が必要です。嫌みを言ってくる友達、理不尽な注文ばかりつけてくる上司など、あなたが遭遇した「嫌な人」も、スピリチュアルな視点で見れば、みんな大事な人。自分を省みさせてくれる〝メッセンジャー〟なのです。

アフターチェック

気に障ることを言う人から学んだこと、
浮かび上がってきた自分の課題、
その課題をどう乗り越えるかも書きましょう。

年　　月　　日

ワンポイント秘儀

嫌なことを言う人の「写真」を目につく場所に貼りましょう。写真を見てどう感じるか、心の動きに注目を。精神的に乗り越えると気にならなくなり、実際に対面しても動じません。

Ask Yourself

他人や物に振り回されていませんか？

あなたの周りにいる人も、身の回りの物も、すべてあなたの波長で引き寄せたものです。類は友を呼ぶという「波長の法則」で、人とも物とも出会うわけですが、本当に必要な人や物とだけ付き合えているか、自己分析してみましょう。まずは、直感で答えてください。

あなたは、他人や物に振り回されていませんか？　そう感じた理由とまつわる出来事があれば、書き出してみてください。

振り回されていますか？

そう感じる理由や出来事は…

まず、「人」に振り回されていないかを分析するためにも、最初の〝入り口〟を見直してみてください。入り口、つまり出会ったとき、付き合い始めの時期を思い出してみましょう。みな、最初の段階からして、あまりにも無防備すぎなのです。「気が合うな」と思ったら嬉しくなって、すぐに自分のことを何でもかんでも打ち明けてしまっていませんか？　本当にその人に心を開いていいのか、信頼がおけるか、きちんと吟味《ぎんみ》したのでしょうか？　たとえばそれが恋愛なら、第一印象で「ちょっと強引な人だな」と感じたのに、その直感を無視して付き合い、後になって、「束縛がきつすぎて、早く別れたい……」などと悩んだりしていませんか？　こういうパターンに陥る人は、人間関係の築き方が〝デパート〟型。「いらっしゃいませ！」とお客さんを呼び込み、どんどん店内に入れている状態です。店内は、言い換えれば、あなたのテリトリー・フィールドです。

ただ、このやり方では自分を護ることができません。入れるだけ入れておいて、「思っていたのとは違うから」と、後から縁を切るのは難しいのです。それよりも、入れていいかどうかを最初に選ぶことが大事。デパートのように、誰でもウエルカム！とするのではなく、あなた自身を〝奥の院〟にしたほうが、自らを護ることができるのです。

振り回されないようにするには、〝腹六分〟で接することが必要です。そして、すでに築いている付き合いを見直し、縁切りも視野に入れましょう。ただ、気に入らない人をただ〝外〟に追い出そうとしてもダメ。物理的に距離を置いたり、ブロックしただけでは、本当の縁切りにはなりません。世間は狭いですから、新しくできた友達が実はその人と知り合いだったということがあっても、不思議ではないのです。表面的な排除では、心のどこかでいつもビクビクして、その人に振り回されてしまいます。

大事なのは、「振り回されない自分」をしっかり確立すること。たとえ相手が連絡してきても絶対に返事を返さないなど、毅然《きぜん》と対応する姿勢が大事なのです。

振り回されているという自覚がある人は、一時的に周りとの連絡を絶つのも手。ひとりになってみると、本当に必要な人が誰かがわかります。山の野焼きをすると、新緑が美しくなるように、一度絶ったほうがかえって節度ある関係を築けるでしょう。

また、「物」についても同じ視点で考えてみましょう。あなたの家の中にある物を一度、見直してみてください。物に振り回される人は、買い物をする段階から行き当たりばったり。一方、物に振り回されない人は、買う段階から、まず自分の手持ちを考えて、必要なものだけを選択しています。不要な品々をため込んでいる人は、まず、テイストを揃えることから試してみてください。テイストがちぐはぐでも良しとしている人は、人生にも一貫性がなくなってしまう恐れがあります。計画性もないため、迷いが深まりやすいでしょう。

あなたにとって必要な物、大事な人間関係は何ですか？　それらをしっかり考え、持ちすぎていると思うなら手放し、しがらみを生んでいると思う人間関係も整理していくと、生きるうえでの「軸」が定まります。

アフターチェック

周りにいる人との関係性、
自分自身の持ち物を見つめ直し、
本当に必要なもの、大事な人間関係を書きましょう。

年　　月　　日

ワンポイント秘儀

身の回りに無駄があると感じた人は、自分の暮らしの理想を明確に描けているかを見つめ直して。「こうありたい」と思うスタイルが定まれば、何が必要で何が不要か見えてきます。

Ask Yourself

本当の友達はいますか？

好きではないけど、何となくつるんでいる友達。性格は合わないけど、渋々付き合っていませんか？　あなたに問いかけます。「本当の友達」はいますか？　その人との関係性は今、どんなふうですか？　まず、書き出してみてください。

「本当の友達」はいますか？

その人との関係性は…

あなたが「本当の友達」と思っている人に、「私のことをわかってほしい」と1％でも期待したことがありますか？　もし、その答えがYESなら、その人は本当の友達とは言えません。そこにあるのは、相手への依存心だからです。

依存心は曲者《くせもの》。「相手に求めないこと」が、本当の友達を作る絶対条件なのです。相手に期待してしまうと、その人とうまくいかなくなったときに「友達だと思っていたのに！」と失望してしまうでしょう。その点、元から期待していなければ、裏切られたと感じることもありません。期待せずに付き合っているかどうか、関係を見直してみましょう。

また、本当の友達は、厳しい意見も言い合うことができるもの。たとえば、「その髪型、似合ってないよ」とか、「彼、あなたのこと大事にしてくれてないよね。遊ばれているんじゃない？」などと、相手のためを想うからこそ、厳しくても真実を告げることができるのです。自己保身が先に立ってしまうと、「これを言ったら嫌われるかも……」と恐れるかもしれませんが、相手を想う大我があれば、本当のことが言えるはずです。あなたが友達と思っている人は、大我であなたに接してくれる人ですか？　お互いに依存せずに付き合えていますか？　あなたの友達が「本当の友達」なのかを分析してみましょう。

SNS上で「いいね！」と言ってくれる人の数は多くても、そのうちのどれだけの人があなたのために厳しいことを言ってくれるでしょうか？

「いいね！」よりも、「ダメね！」と、厳しくあなたの欠点を指摘してくれる人を探しましょう。友達は、数が多ければいいというものでもありません。実際、忙しくしていれば、それほど多くの友達と付き合う時間は持てませんし、友達が多ければ、そのぶん、お祝いごとや付き合いでお金もどんどん出ていってしまいます。数ではなく、中身。「どう付き合うか」を第一に考えましょう。

友達の数ばかり欲しがったり、「寂しいから」と、自分と合わない人とつるんでいて、本当に心が満たされますか？　寂しさは、愛の始まり。寂しいという気持ちになるからこそ、人は誰かを求め、愛し、やさしくしようと思うことができるのです。寂しさから逃げないこと。究極を言えば、孤高に生きる幸せもあります。依存せず、甘えず、律して付き合う「自律」ができれば、自分の時間をもっと尊重して生きていけるのです。

アフターチェック

あなたに厳しいことを言ってくれる人はいましたか?
友達に依存せずに付き合えていましたか?
あなたの「自律」に必要なことを書き出しましょう。

年　月　日

ワンポイント秘儀

旅行先で同室に泊まれる友達は何人いますか。ひとりが気楽と感じるか、友達と騒ぐのが好きと感じるか。そうした違いを分析するだけでも、友達とどういう距離感で付き合うのが向いているかわかります。

第3の秘儀をとく鍵

気に障る言葉、他人や物との関係、そして本当の友達について、自分の本心を包み隠さず書くことはできましたか？

この3つの〝問い〟を通して、まるで「鏡」に自分の姿を映し出すように、真実が見えてきたのではないでしょうか。キーポイントをチェックし、秘儀を解き明かしていきましょう。

キーポイント

1 ニュースもみな映し出し

目に映ること、世の中で起きていることすべて、あなたの映し出しです。それらが気になるということは、あなたの波長で引き寄せているということなのです。

たとえば、交際中に撮影した写真や動画などを、別れてから世間にさらすリベンジポルノが事件になったことがありました。ああいったニュースを見て、好奇心で面白がったり、しょせん他人事だからと無関心になるのは、浅い見方。そこで、「どんなに気持ちが盛り上がっていても、後のことを考えて理性的にならなくては」と、自分を戒めることが大事なのです。

無断で撮影したり、画像を流出させるほうが悪いのは言うまでもありませんが、そういう人と付き合ったのも自分。「波長の法則」で、その人を引き寄せたのです。こう言うと、「波長を下げないようにするにはどうしたらいいのか？」と疑問が湧くかもしれません。ただ、波長というのは、一朝一夕には変わりません。上がったり下がったりするのは、波長ではなくテンション。いい出会いを引き寄せたいなら、テンションではなく、「波長＝人格」を高める努力をしてください。それこそ簡単なことではありませんが、この「人格」は、ひいては「霊格」にも通じるものです。

人格、霊格を高めるためには、何よりもまず「視点」を育むこと。たまたま目にしたニュースにも無関心にならず、自分ならどう動くだろうかと想像しましょう。そして、目に映る出来事をさまざまな角度から分析して、物の見方・視点を増やしていきましょう。多角的な視点を持てるようになれば、それに比例して、あなた自身の人格も磨かれ、成長できます。

キーポイント

2 群れるよりも「孤高」であれ

私は折に触れて、孤高に生きることが大切であると伝えてきました。「群れてはいけない」と言ってきたのです。もちろん、「孤高＝心を閉ざしてひとりを貫け」という意味では決してありません。孤独になれと言っているわけではないのです。孤高と孤独は別物。

人との関わりを持つことは言うまでもなく大事です。ただ、それが「傷口のなめ合い」になっている人が多いのが問題なのです。自分にとって都合のいい、耳ざわりのいいことを言ってくれる人を友達にするというのもそう。自分かわいさから、そうやって自分を甘やかしてしまうのでしょう。でも、それでは進歩がありません。

街中を見ればわかるはず。〝類は友を呼ぶ〟の「波長の法則」が示す通り、同じ穴のムジナばかり。傷口をなめ合うような〝自己憐憫の群れ〟がいかに多いことか！

確信を持って言います。群れる人は、絶対に幸せになりません。

キーポイント

3 一歩先へ　一段上へ

「類は友を呼ぶ」で似た者同士が引き合うと、たとえそれが傷のなめ合いでも居心地がよく、そのぬるま湯に浸かってしまうかもしれません。でも、同じレベルで群れていては、たましいは一向に向上しません。そんな低い〝類〟なら、呼んではいけないのです。

どうしても群れたいというなら、自分よりも高きところと群れなさい。それこそ、ついていけないくらい高いところでも構いません。小さい子どもも、「同年代と遊ぶより、年上の子と遊ぶほうが成長も早い」とよく言いますが、それと同じこと。自分よりも一歩でも先に行っている人といるほうが、学ぶところが多いでしょう。

あるいは、自分とは真反対で、考え方もまったく違い、「私とは合わないわ」と思う相手とも付き合ってみましょう。むしろそういう相手を参考にしたほうが〝磨き砂〟になります。そもそも、そういう真反対の個性の人と出会うのも、波長の「裏映し出し」。引き寄せたのは、やはり自分自身なのです。出会ったことに意味があり、反面教師として教訓を得ることもできるのです。だいいち、人の視野なんてもともと狭いものなのですから、自分とまったく逆だと感じるくらい「異なる視点」をひとつでも多く知るほうが、人としての幅も広がります。

第4の秘儀

心と体を整えて人生を変える

Ask Yourself

休みの日をどう使いますか？

せっかくの休日なのに何もせず、暮れていく外の様子を見ながら、「ああ、何にもしなかったな」と落ち込む。そんな虚しさを味わったことはありませんか？
貴重な時間をどう使うか。それを考えておくことは、人生を充実させるためにも欠かせません。たとえ一日中何もせず、ベッドの中でゴロゴロして過ごして終わっても、最初から「今日は休む」と決めていたなら、予定通りに計画を遂行できたことになります。その場合は少なくとも、「一日損をした」という気持ちにはならないでしょう。あなたは、休日にきちんと予定を立てて過ごせていますか？　まずは直近の休日を振り返ってみましょう。

休日を計画的に過ごせていますか？

具体的にどんな休日？

無計画にダラダラ過ごしてしまった人は、まず、次のオフの日の予定を今から立ててみましょう。「ひたすら寝る」とか「〝積ん読〟になっていた本をかたっぱしから読む」といった内容でも、構いません。インスタ映えするような予定でなくてもいいのです。外に向けて発信するための予定ではなく、自分のために時間を使えているのかを見直してください。

そして、スケジュール帳にその予定を書き込みましょう。スケジュール帳を見ると、仕事のタスクは埋まっているけれど、オフの予定はまばらという人もいるかもしれません。まずは1ヵ月先までの予定を立ててみてください。平日だけでなく、休みの予定も書き込むのがポイントです。

1ヵ月が過ぎたら、自分で立てた計画を予定通りに行えたか、マークやシールなどで印をつけてみましょう。何度も予定が流れたり、予定が変わった人は、そもそも最初の計画自体に無理がある可能性も。1ヵ月試してみて、自分のスケジューリングの癖を知りましょう。達成できた印が増えるのは、それだけあなたの「計画力」が増している証し。日々を充実させられるように、予定と達成度をチェックする習慣をつけるとよいでしょう。

休日というスパンは短い一日ですが、ここで計画力を身につけることができれば、それよりももっと長い、人生の計画もきちんと練ることができるようになるはず。有限のときを生きるうえで、先へ先へと前を見て計画を練っておくことは、大いなる安心につながります。時間を無駄にせず、日々を充実させることができるからです。

現代人の多くは忙《せわ》しなく働き、常に余裕がありません。生活のリズムが崩れて、体内時計が狂っている人もいるでしょう。そういう場合は、まず、食事や睡眠を規則正しくとって、乱れた生活リズムを正すことが大事。「リズムが崩れている」と言いながら、好きなときに好きなように食べたり、寝ないで夜更かししていては、当然そう簡単にリズムは戻りません。休みの日も、平日と同じように大事な一日ととらえ、休む計画をきちんと立てましょう。

休日が少ないから疲れが抜けないと嘆く人もいるかもしれませんが、きちんと自己分析できれば、限られた時間の中で自分を癒やすことはできます。疲れを癒やせないことを人のせいにしていたら、厳しい言い方ですが、それは無計画という名の怠惰。うまくいかないことには必ず理由があるのですから、なぜできないのかを自己分析しましょう。

自分の蒔いた種は自分で刈り取るという「因果の法則」が理解できていれば、怠惰と無計画からは抜け出せます。

アフターチェック

あなたは自分のために時間を作れていましたか。
休日の意味をしっかり考え、
自分に足りていないものを書き出しましょう。

年　　月　　日

ワンポイント秘儀

休みの日こそ、心と体からの声を聴きましょう。「今日は出かける気がしない」と感じたなら、予定を切り替えて体を休めましょう。何もしないのは虚しいから……とわざわざ友達と会う約束を追加しなくてもいいのです。

Ask Yourself

あなたはどんな食事をしていますか？

スピリチュアルな視点で見ると、口はエナジーの出入り口。そこを開けて行うことのひとつが「食事」です。食べるもの、食事への向き合い方について、分析しましょう。次に挙げる3つのうち、あなたの普段のスタイルに近いものはどれですか？

①
食事にはまったく気を遣わない。
食べないこともあるし、ついお菓子ですませてしまうこともある。

②
食べるものにはとても気をつけている。
強いこだわりを持っていて、決まったもの以外一切食べない。

③
そのときの自分のコンディションに合わせ、
食べるものを選んでいる。

では、それぞれ分析していきましょう。

まず、①を選んだ人は、自暴自棄になりやすいタイプ。体や心を大事にしようという気持ちが薄い状態に陥っています。食事を抜いたり、かと思うとジャンクフードばかり食べてしまうなど、極度に偏った食生活は、ある種の自傷行為。自分を痛めつけ、刺激を与えることで〝生きている実感〟を得ているのかもしれませんが、「幸せになろう」という意識が根本的に足りない状態です。

②を選んだ人は、頭先行型の食生活。「○○がいいよ」と耳に挟んだらすぐ飛びつき、一気に傾倒するのでは？「いいものは他人にも勧めたい」と思い、周りに強要しがちな一面も……。こだわりが強すぎるので、生きていくうえでは「中庸」を学ぶことが大切です。

③を選んだ人は、常に自分の体の声を聴いて食べることができる人。体が欲しているものを柔軟にチョイスすることができるので、無駄なく必要なものを吸収できるタイプと言えそうです。直感力もあるので、食以外のジャンルにおいても、自分に合うものを探すのが上手でしょう。

このように、食べるものへのこだわりから、生き方が垣間見えます。それだけではなく、さらに「コミュニケーション力」も見えてくるのです。

①を選んだ人は、友達や恋人、家族といった身近な人とコミュニケーションをとる時間を大事にできていないのでは？　このタイプは、好きな人の前でお菓子ばかり食べても気にも留めないでしょう。どこかで「自分のやりたいことが一番」と思っています。でも、そのわがまま視点では、人とのコミュニケーションはうまくとれません。

②を選んだ人は、気をつけないと自分のペースを押し付けすぎて、場を白《しら》けさせる可能性が。どんなにいいものでも、一方的に押し付けては円滑なコミュニケーションははかれません。ポリシーを貫きたいなら、同意見の仲間を探すしかありませんし、意見が異なる人と一緒にいたいなら、相手に合わせる柔軟性が不可欠です。

③を選んだ人は、周りの声もきちんと聴くことができるタイプ。周りの人の心にも合わせられる人なので、上手に間合いをはかってコミュニケーションをとれます。自己中心的な視点に陥らないので、人間関係もスムーズに築けるでしょう。

いかがでしたか？　たかが食べ方でと思うかもしれませんが、食を通してさまざまなことが見えてくるのです。一日3回食事をとるとすれば、その回数分、自分と向き合う時間を持つことができます。食べるものと食べ方には、あなたの〝生きる姿勢〟までもストレートに表れますから、おろそかにしてはいけません。食事を見直して、まずはバランスのいい食生活にしていくと、人間関係も良好になっていくでしょう。

アフターチェック

あなたの食へのこだわりを分析し、
コミュニケーション力を見直しましょう。
改善点など気づいたことを書き出しましょう。

年　月　日

ワンポイント秘儀

苦手な人と食卓を囲むときは、箸が進まないこともあるでしょう。でも、そこで本当は距離を近づけたいのなら、相手のテンポに合わせて食べてみて。食事を通して息が合うようになると、次第に〝意気〟も合います。

Ask Yourself

体の声に耳を傾け、
コントロール
できていますか？

今のあなたの体は、これまでの生活スタイルや食、睡眠など、さまざまな「因」の結果でできています。この現世を生き抜くうえでは欠かせない肉体。たましいの乗り物である体の状態を、あなた自身はしっかりと見つめていますか？

今の私の体調やコンディションは…

その原因は？

自分の体のこと、体調についてどの程度、理解していたでしょうか。日頃から完璧に自分の体に意識を向けている人は、自分の体を愛せています。自分の体に意識を向けていれば、ちょっとした変化にも敏感になれるでしょう。「あれ？　おかしいな」と感じたら、すぐケアすることもできます。意識を向けたら向けただけ、体からの声やメッセージにも、耳を傾けられるようになるのです。

一方、冒頭の質問に、「ＹＥＳ」と答えられなかった人は、自分の体にきちんと向き合えていません。試しに、この１週間の生活を振り返ってみてください。睡眠をおろそかにしていませんでしたか？　食事は栄養のバランスを考え、適量をとることができていたでしょうか？　睡眠不足に陥っていたり、ジャンクなものばかり口に運んだり、暴飲暴食をしていたなら、愛せていない状態です。それはちょうど、ガソリン切れ寸前の車を無理矢理走らせるようなもの。そのドライブが危険極まりないものになるのは目に見えています。あなたがしていることは、それと同じ。肉体という「車」をメンテナンスせず、無理を強いていれば、人生というドライブもうまくいかなくなってしまいます。

私たちはみな霊的な「たましいの存在」ではありますが、この現世では肉体なしには生きられません。そして、その肉体とたましいはとても密接に関わっています。体のコンディションには、「思いぐせ」が表れることもあるのです。たとえば、胃腸に不調が出るときは、「不平不満が蓄積されていて、消化できないことがある」というメッセージ。また、腰に不調が出るときは、「傲慢《ごうまん》になっていて、謙虚さを忘れている」という警告と読み解くことができます。暴食してしまう人なら、そこまで食べてしまう思いぐせは何なのかを見つめることが大切です。愛は愛でも「自己愛」が強い人は、その内観過程で自分を甘やかす傾向も。「暴食するのはストレスフルだから」などと、曖昧《あいまい》な言葉で片付けてしまいがち。でも、正しく自分を見つめることができる人は、「そもそも何が原因でストレスを感じるのか」をきちんと言語化できます。たとえば、その原因が仕事上のトラブルにあるのなら、先にそのトラブルを解決すべく、努力します。このように、思いぐせひとつも理性的に分析し、コントロールできる人は、人生そのものもきちんとコントロールできると言えます。

自分の体に意識を向けない人は、まず自分の人生についても見つめません。そして、そういう「視野の狭い人」は、人生において悪循環に陥りやすいのです。ですから、幸せになりたいなら、自分の体やコンディションにもっと目を向けましょう。

気を配るという意味で、日頃から全身をくまなく触る習慣を。触っていると、ふとした痛みに気づいたり、異変を発見しやすくなるでしょう。

アフターチェック

自分の体に向き合えていましたか。
コントロールできていなかった部分、
改善できる部分を分析して書き込みましょう。

年　　月　　日

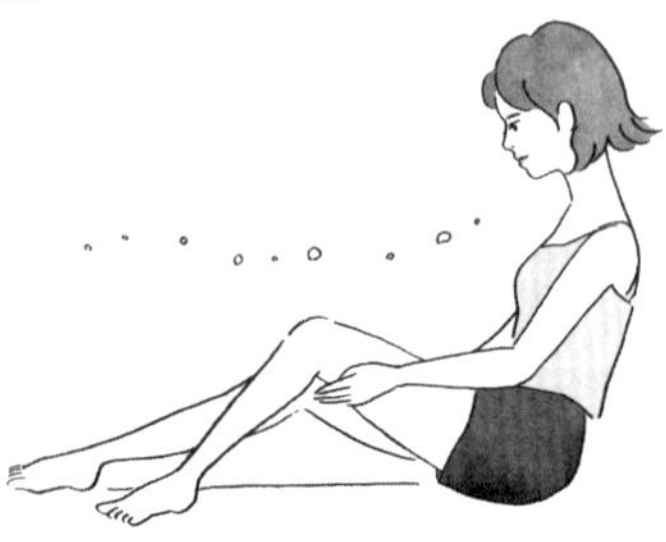

ワンポイント秘儀

体に触れて「気を配ること」。これは文字通り、気（エネルギー）を配ることになります。気を配るようになると、周りからの視線や気配にも敏感になり、好意のサインも受け取りやすくなるので、出会いを引き寄せます。

第4の秘儀をとく鍵

休日の使い方、食事の仕方や好み、体調について。これらの〝問い〟を通して、普段の生活や嗜好を見つめ直しました。ある意味、誰よりも一番近くにいる「自分自身」。その心と体について、どれだけ理解できていましたか。

ここで、心と体を整えて人生を変えるための大切な視点をお伝えします。

キーポイント

1 責任転嫁は悪魔のワード

あなたの幸せの足をひっぱる悪魔のワード。それは「責任転嫁」です。どんなことも、人のせいにしていては、幸せにはなれません。自ら蒔いた種は自ら刈り取るという意味の「因果の法則」が、すべてに働いているのですから、どんな問題も自己責任です。

幸せになりたいなら、人を幸せにして、よき種蒔きをしましょう。あなたは、自分で種蒔きはせず、幸せにしてもらうのを受け身で待っていないでしょうか？　ここは現世で、あなたは「自分自身を成長させたい」と望んで生まれてきたのですから、自分で行動を起こさなければいけません。

昔の人は「人事を尽くして天命を待つ」ことができていましたが、今はみな横着で、誰かにしてもらうのを期待してばかりです。さしずめ、「人事を尽くさず、天命を待って、待ちくたびれたら天を恨む」というありさまになっています。

ですが、そんなふうに恨むのは、天に唾を吐くようなもの。恨むというネガティブなことをしたら、それは自分に返ってきます。だからこそ、人事を尽くすことが先。あなた自身が主体となって行動して初めて、天命という因果が働くのです。

たとえば、心と体を整えて人生を変えるための〝人事〟は、日常生活の見直し。食べるものに意識を向け、安らいだ眠りに就くための寝具を揃え、癒やしの住空間を作るといったベーシックな部分を優先して整えることです。

〝食と寝具と家に贅沢なし〟。心地よく暮らすためには、多少の無理をしても贅沢ではありません。

キーポイント

2 毎日の食べ物があなたを作る

肉体とたましいは、密接に関わっています。たとえば、風邪で高熱を出しているときには頭が回らず、いい考えも思い浮かばないでしょう。普段なら聞き流せるような一言にも、ついイライラしてしまうかもしれません。つまり、健やかなたましいであるためには、肉体を健やかに保つことが必要なのです。これは、病のある・なしとは無関係。病を持っている人であっても、たましいは健やかであることはできるものだからです。

健康でいるためには「食べること」が大きな鍵を握っています。日々、あなたが口にするものがあなたの肉体を作っていますし、あなたの生活があなたのたましいに影響を与えます。オーガニックなど、質にこだわるとそのぶんお金もかかるでしょう。ただ、そこは工夫次第。あれもこれもと贅沢をするのではなく、野菜だけはいいものを買って、ほかでは節約するというふうに、お金のかけどころを調整すればいいだけです。

口に入るものに気を配ることが大切なのは、充実した人生にするため。もっと言えば、最期にいい死に方をして、たましいの故郷に帰るためでもあります。安くても添加物がたくさん入った物より、多少値は張っても質のいいものを食べるようにするなど、口にするものを吟味しましょう。休みの日は、安心安全なごはんをつくりおきし、平日はそれをお弁当箱に詰めて持参すれば、外食するより節約にもなります。

キーポイント

3 霊的エナジーのチャージを

睡眠は、「たましいの故郷への里帰り」。寝ている間に霊的世界に帰り、そこでスピリチュアルなエナジーを補給します。そこでサジェスチョン（示唆）が与えられることもあるので、決しておろそかにはできません。いわゆる「先見の明」と言われるようなひらめきやアイデアも、実はよい睡眠がとれているときにもたらされるのです。

良質な睡眠のためには、まず、環境づくりを。ベッドルームを極力シンプルにし、電化製品など、電磁波の影響を受けそうなものは減らすようにしましょう。住環境によっては、寝室を別に設けるのが難しいかもしれませんが、理想を言えば、2～3畳で構いませんので、「寝るためだけのシンプルな部屋」があるのがベターです。

また、霊的な世界への扉が開く「午前2時頃」には深い眠りに就けているように、できるだけ0時前には就寝を。生活リズムが乱れている人は、タイムスケジュールを立て直し、就寝時間から逆算して一日を過ごしましょう。人生を充実させるためにも、まず今の睡眠環境や眠りの質をチェックしてください。

第5の秘儀

ライフプランを立てて人生を変える

Ask Yourself

あなたの人生に必要なお金はいくらですか？

お金がいくらあれば満たされるかは、人それぞれ違います。１００万円で安心という人もいれば、１０００万円あっても不安という人もいるでしょう。あなたの人生に必要な額を試算しましょう。まず、この先10年間で、どれだけあれば満たされ、幸せを感じられるか、額と理由を考えて書いてください。

必要なお金は？

円

その理由は…

お金のことを考えるのは、物質的価値観ではないかと思う人もいるかもしれません。けれど、ここは現世。ですから、生きていくうえでは「いくらあったらいいのか」を現実的に考えることが必要です。

そして、その次に考えてほしいのは、自分で設定したその金額の根拠です。何に使うのか、どう使うのかを具体的に考えることはできましたか？　これを考えるとき、漠然としたイメージしか湧かない人は、地に足がついていません。自分のライフプランがはっきりしていないから、具体的な金額も使いみちも見えてこないのです。

自分にとって必要なお金を知るためにも、「理想の人生」はどういうものなのかを明確にイメージしましょう。

たとえば、どこに住むのかによっても、かかる生活費は違ってきます。都市部に住めば、物価や家賃が高いぶん、お金もかかります。都市部以外に住めば、物価は安く抑えられるかもしれませんが、自動車が移動手段として必要になるなど、また違った部分にお金がかかるはず。そういったこともふまえて、かかるお金を試算してみましょう（※詳しくは次の項目も参照）。

また、たとえば何か勉強したいことがあるなら、そのぶんのお金も貯めておかなければいけないと考えが及ぶはずです。将来の理想の生き方を細かくイメージできれば、それにかかる必要なお金についても想定できるでしょう。

お金について考えることから逃げてはダメ。考えないから、職場や仕事に不満が出ただけでグジグジ悩むのです。もし、貯めたいと思う明確な目標額が定まっていたら、周りにいる底意地の悪い同僚のことなんて、気になりません。アウトオブ眼中で必死に働いて、お金を貯めるために邁進《まいしん》できます。

ちなみに、貯金したいなら、「余剰が出たら貯金に回そう」と考えないことが秘訣。先に給料天引きにするなど、「初めから、そのお金はないもの」と考えるのが貯めるコツです。

秘儀として、自分が稼いだお金を額に入れて飾るのもおすすめ。たとえば1万円札を飾って毎日眺め、このお金を得るためにどれだけ苦労したか、常に意識しましょう。懸命に働いた自分を誇りに感じ、得たお金を生かそうと思えるはずです。あなたがお金を大事にすれば、お金からも好かれる人になれます。

アフターチェック

いくらあれば幸せだと感じるか、
これから先の人生を見通して分析を。
金額やその使いみちなども書き出しましょう。

年　　月　　日

ワンポイント秘儀

心が「動」に傾きすぎると散財傾向が。穏やかな音楽を聴いたり、お茶を淹《い》れてゆっくり飲んで、ひとりの時間を楽しみましょう。心を「静」にすることが、節約には必要です。

Ask Yourself

10年後、どこで暮らしていたいですか？

私はよく「10年先の計画をきちんと立てなさい」と言っています。でも、これはただ単に「10年単位で物を考えなさい」という意味ではありません。霊的視点で見れば、人生は有限。ですから、もしかしたら10年先にはこの世を去っている人もいるかもしれないのです。若い人でも条件は同じ。いつ何があるかはわかりません。あなたはこの視点を持って、自分の人生を見つめたことがありますか？

一生は、あなたが思っているよりもずっと短いのです。何かを為《な》すにも、一生では短すぎるほど。だからこそ、きちんとライフプランを立てて生きていかなくては、「何もできないままに終わってしまった」と後悔を残すことになってしまうのです。

この視点を前提として、あなたに尋ねます。あなたは、10年後、どこで暮らしていたいですか？　できるだけ具体的にイメージしてください。そして、その理由も書きましょう。

10年後、暮らしたい場所は？

その理由は…

どれだけ明確に書けたでしょうか。地名だけを書いた人もいれば、住みたい家のイメージをそれこそ間取りにいたるまで細かく書いた人もいるかもしれません。

ポイントとなるのは、いかに明確にイメージするかです。いつも言っていますが、人生という旅において、目的地の定まらないバスや電車に乗ることほど、心もとないことはありません。どこに行くかわからないなんて、不安でしょう。もし、目的地を決めずに乗り込んだとしたら、そのドライブは迷子になり、人生は徘徊《はいかい》を繰り返すことになってしまいます。それに、そもそも目的地がなければ、そこに到達することもできません。

どこで暮らせば幸せと思えるか。それは、人それぞれ違います。いろんな幸せの形がありますから、自分の本当の気持ちに正直になって考え、分析してみてください。

たとえば、親孝行のため……と実家暮らしをしているとしましょう。でも、その人がもし「ひとりでいるのが好き」なのだとしたら、実家を出てひとり暮らしをしたほうが、幸せに暮らせるはずなのです。いい娘・いい息子でありたいのかもしれませんが、だからと言って、「本当の自分」に嘘をつくと、かえって誰も幸せになれません。

感情主体になると視野が狭まり、正しい判断ができなくなります。ライフプランを立てるときは、感情ではなく理性で、広い視野に立って、考えを整理することが必要です。

ほかにも、「都会と田舎」のどちらがその人に合っているかという問題もあります。都会が好きな人は、自立心を持って強くたくましく生きていきたいと思うタイプ。都会は、ひとりでも生きやすい場所ですが、そこが好きということは、本質的にひとりで生き抜く強さを内面に持っていると言えます。田舎のほうが好きで落ち着くと思う人は、本質的に人が好き。田舎暮らしのほうが、冠婚葬祭をはじめ、深い人間関係を築かないとやっていけないため、相応のコミュニケーション力が求められます。

将来住む場所を考える際も、単なる憧れで決めず、「本当の自分」がどの場所なら落ち着くか、輝けるかを深く分析しましょう。

アフターチェック

10年後に住みたい場所と暮らしを見つめ、
そこが自分に合っているかも分析して、
将来のビジョンを書きましょう。

年　　月　　日

ワンポイント秘儀

合う場所を知るには、「逆の場所」へ行って実体験を。田舎暮らしに憧れているなら、あえて都会で過ごす時間を持って、心境をチェックしてください。自分の本当の気持ちを探りやすくなります。

Ask Yourself

どんな働き方をしたいですか？

どんな仕事に就き、どんな働き方をすれば自分を生かせるか。あなたも悩んだことがあるかもしれれません。今、「理想の仕事」について、どんなビジョンを描いていますか？　具体的にイメージしてみてください。

理想の仕事と働き方は？

その理由は…

ここで、ひとつ問いかけます。あなたが書いた理想は、きちんと義務を果たしたうえで描いたものですか？　厳しい言い方になりますが、どんな働き方をしたいかを口にしていいのは、やるべきことを果たした人のみ。

そもそも、働くのは何のためでしょうか？　一言で言えば「食べていくため」です。食べていくためにする仕事は〝適職〟。食べていく、つまり生活することが主たる目的ですから、仕事のやりがいを求めるのは、プラスアルファの部分。食べていくために自分の持っている技能を提供し、それに対する報酬をいただく。その土台があったうえで、「どんな働き方をしたいか」をようやく考えることができるのです。

ですが、世の中にはこの土台をおろそかにして、先に「こんな仕事がしたい」と夢だけを語る人が大勢います。けれども、基礎が不安定な状態で家を建てたら崩れてしまうように、〝適職〟という土台がしっかりしていないと、夢を描いたところで実現は困難。まず考えておきたいのは、働く目的、人生に必要なお金、将来のライフプランの三本柱です。これらが定まり、「この道で食べていく」という覚悟が固まれば、多少嫌なことがあっても乗り越えられますし、人間関係で悩むこともなくなります。

今は、働けることへの感謝がないのか、新入社員なのに「残業はしたくない」と言ってみたり、みんなが憧れるような仕事に就いたのに、「思っていた仕事と違う」

とすぐやめてしまう人も多いと聞きます。適職として「食べていくための仕事」をする限りは、時には我慢も必要。我慢も含めてのお給料です。そういうことがわからず、不満ばかり口にするのも、「義務を果たしていない」状態なのです。

求められているからこそ働けるのですから、「仕事があってありがたい」という気持ちをなくさずにいましょう。純粋に楽しみたいのなら、天職を探すこと。天職はたましいが喜ぶことではありますが、それでは食べていけません。天職と適職を両立させて、ふたつの「職」を両方バランスよく持つことが、幸せ成就への道となります。

義務を果たしたうえでなら、「こういうふうに働きたい」と理想を掲げても構いません。「こんなふうになりたい」という憧れの人がいるなら、その人がどんなふうに努力し、働いているかをしっかり見てください。その〝哲学〟を吸収しながら、あなたはあなたで、自分らしい働き方を見つけましょう。

今は「個」が尊重される時代ですから、どう働くかも自由です。多種多様な幸せの形があります。職業を自由に選べなかったり、はみ出すことが許されなかった時代もあったことを思えば、今がいかに恵まれているか。感謝を忘れず、働き方を見つめ直しましょう。

アフターチェック

仕事できちんと義務を果たせているかを分析し、
あなたの理想の働き方はどんなものか、
具体的に書きましょう。

年　　月　　日

ワンポイント秘儀

憧れの人の写真や本を目につくところに置いて、常に意識しましょう。その〝憧れ〟に近づくためには、ただ真似るのではなく、自分はどうなりたいかを具体的にイメージして。

第5の秘儀をとく鍵

人生に必要なお金、将来の住まい、働き方。この3つは、「将来の自分の姿」を想像するための〝問い〟でした。具体的なイメージは湧きましたか？

ここで内観し見つめたライフプランは、言ってみれば、人生の土台のようなもの。その土台をさらに固めるためにも、秘儀を解き明かしていきましょう。

キーポイント

1 目に見えないお金に感謝する

ライフプランを考えるとき、「お金」の問題を避けて通ることはできません。現実的に、地に足をつけてお金を得る算段を考えることが大切ですが、世の中の人は本当に「金運」や「開運」というワードが好きだとつくづく感じます。そういう棚からボタモチを望むのは、横着。宝くじが当たったら……と空想するくらいなら、働いたほうがいい。正があれば負があるという「パワーバランス」を考えれば、仮に宝くじが当たって大金を得たとしても、そのぶん他のことで苦労をするもの。高額当選して人生が狂ったエピソードは枚挙にいとまがありません。

一番の金運は「感謝」なのです。金運と聞いて、宝くじが当たることくらいしか考えつかない人は浅はか。たとえば、日頃誰かにごちそうしてもらったときに「ありがとうございました」ときちんとお礼を言っていますか。その場だけで終わらせず、次に会ったときに重ねて伝えましょう。小さなお菓子のひとつでも添えて言えば、その心遣いに、「またごちそうしたい」と思ってくれるでしょう。これが「目に見えないお金」を得るということです。1回のごちそうをお金に換算すれば、相当なもの。そういう想像力を持てない人のもとには、お金は巡ってきません。そのほかにも、日頃から食事に気を配って健康管理をするのも、それで先々の病気予防になれば、目に見えない節約になるのです。

自分の身を護るのは、あなた自身。地に足をつけて、現実的な対応をとりましょう。

キーポイント

2 「守護の法則」の真実

私が神主をしていた頃の出来事です。毎日、ある男性が必ずお参りにいらしていました。神前で手を合わせ、何かずっとつぶやいていたので気になっていたのです。それが本当に毎日のように続くので、あるとき、その様子を見ていたところ、「ありがとうございました。○○さんから何々をいただきました」とか「誰それさんにごちそうしていただきました」とひとつひとつ、丁寧に報告されていたのです。

その姿を見て、ハッとしました。日常の中で起きたことに感謝する心。それこそが、神様と向き合うときに備えるべき心だ、と。今はみな、現世利益を求め、少しでも自分に利があるように、得があるように、災難を避けられるようにと祈りますが、本来、神様はお願いごとをしにいくところではないのです。

雨風をしのげる家があり、今日食べるものがあり、着るものもある。今、あなたの生活を見直してみれば、十分恵まれ、幸せなはず。今ある幸い、神恩《しんおん》に感謝することができずして、さらなる幸せを望もうというのは、傲慢です。

神様だけではなく、守護霊に対しても同じことが言えます。スピリチュアルな8つの法則のひとつ「守護の法則」。守護霊は誰にでもついていて、片時も離れず見守ってくれるという法則ですが、だからといって魔法使いのように何でも願いごとを叶えたりはしません。

あなたが苦難のさなかにいるときでも、安易に助けるようなことはせず、自分の力で乗り越え、這《は》い上がってくるのを見守っています。あなたの人生だからです。

ですから、何かの問題にぶつかったときも、最初から守護霊や神様に丸投げするのは、依存。まず、自分自身に「どうすればいいか」を問い、考えてください。その先に、答えが返ってきます。メッセージは、守護霊や霊的世界との〝問答〟なのです。

キーポイント

3　時間は命と心得よ

「資源を大切に」というスローガンがありますが、人にとっての大事な資源は何だと思いますか？

それは「時間」、そして「命」です。時間を粗末にする者は、人生を粗末にする。人生を粗末にする者は、命を粗末にする。

この事実をあなたはきちんと理解しているでしょうか。残念ながら、多くの人はそういう認識を持って生きていないように感じます。今、切実に考えている人がいるとしたら、病気で余命宣告を受けた方くらいではないでしょうか。

ライフプランを考えるということは、第2の秘儀で前述したように、「どう死にたいか」を考えておくことでもあります。宣告を受けていないだけで、みな一秒一秒死に向かっていっているのに、それを見ないふりをしているから、悠長に寄り道ばかりしているのでしょう。

真剣に考えてください。あなたが余命半年だとしたら、本当にその人と付き合いたいですか？　くだらない人とは付き合おうと思わないはずです。もっと他に話しておきたい人がいるのではありませんか？　そういうふうに未来をシミュレーションして、これからの「ライフプラン」を立てなければならないのです。時間は限られています。命も有限です。終《つい》の住処《すみか》にいたるまでじっくりと考えて、明確にプランを練りましょう。その具体的な計画が、あなた自身を護ります。

第6の秘儀

人間関係を見直して人生を変える

Ask Yourself

家族と向き合っていますか？

スピリチュアルな視点で見れば、「家族」というのは学校。そこに集う人たちは、言ってみれば、クラスメイトです。このクラスメイトのことで、悩んでいる人がとても多いと感じています。最初に、あなたにとって家族とは何か、家族との間で抱えている問題がないか、考えて書き出しましょう。

私にとって家族は…

家族間の問題は？

どんなことを書いたでしょうか。たとえば、親が過干渉で鬱陶《うっとう》しいとか、きょうだいとどうしてもそりが合わないなど、それぞれに悩みがあるかもしれません。

ですが、「家族」として出会ったのには意味があります。生まれる前に「今回はきょうだい仲が悪いコースで」といった具合に、学ぶテーマを決めてきたのは、他ならぬあなた自身。その家を選んだのは、学びたい内容に最適なカリキュラムを備えた学校だったからなのです。その視点で見ると、生まれてきた目的を探るエッセンスが家族の中に凝縮されています。

家族を見つめるうえで、まずは「親」からしっかり学びましょう。ある程度の年齢になると、親と自分が似ていると気づいて愕然《がくぜん》とするかもしれません。親の姿というのは、ある意味、明日の自分。似た要素を持っている場合は特に、その姿を通して自分を見つめましょう。親の姿を見て、「こうはなりたくない」と思うなら、親の未熟さや嫌な部分は真似しないように気をつければいいし、「自分の理想通り」という場合は、よきお手本にして自分を磨きましょう。健診に行って健康状態をチェックするのと同じ感覚で、定期的に「親という鏡」に自分の姿を映し、性格・気質、悪癖にいたるまで客観的に見つめてください。

親子の問題を考えるとき、忘れてはいけないのは、「子育てはボランティアである」

という視点です。この世にはびこる物質的価値観のせいか、みなこの視点を忘れ、「老後の面倒を子どもに見てほしい」なんて言いますが、何かしらの見返りを求めた時点で、ボランティアではなくなってしまうのです。

「ボランティアなんて頼んだ覚えはない。こんなろくでもない親を家族だなんて思いたくない」と憎んでいる人もいるかもしれません。それでも、この世に命を生み出す手伝いをしてくれた両親がいたからこそ、今のあなたがいる。その事実は冷静に受け止めましょう。

家族は、あなたの映し鏡。そして、理性を鍛える訓練所のようなもの。どんなにひどい親でも嫌なきょうだいでも、その家族のもとで学ぼうと決めてきたのは、あなた。ですから、どんなに不本意でも、自分に無関係のことではありません。

究極的に言えば、どんな問題も最終的には家族に行きつきます。たとえば、恋愛の悩みも、その奥に父親に対する苛立ちがあって、男性への不信につながっていたといった具合です。目の前の問題も、家族と関わっているのでは？　という視点で分析してみてください。家族と向き合えない人は、他の人とも関係を築くのが苦手になりかねません。家族を通して映し出されることは、あなたの学びのカリキュラム。たましいを成長させるためにも、その課題を知ることが大切です。

アフターチェック

あなたにとって「家族」は
どんな学びをもたらしてくれているか、
理性的に分析して書き込みましょう。

年　　月　　日

ワンポイント秘儀

家族に苦手意識を持っている人も、そうでない人も「家族写真」を持ち歩きましょう。持ち歩くうちに考えていることや本心がわかるようになるはず。最高のお守りになるのです。

Ask Yourself

恋愛は面倒ですか？

スピリチュアルな視点で見ると、恋愛というステップは、感性を磨くために必要な学び。そして、何よりも「人間関係」のレッスンです。あなたにとっての「恋愛」はどういうものですか？　面倒と感じるものですか？　それとも心弾むものでしょうか？　まず、自分なりの定義を教えてください。

私にとっての恋愛は？

その理由は…

では、ここで少し、人が生まれてから出会う人間関係についておさらいしてみましょう。最初に出会うのは、「家族」。先述したように家族は学校ですから、自分の課題を映し出す鏡として出会います。そして、家族の輪から一歩出て出会うのが「友達」。友達との付き合いのなかで、家族とは違う価値観を持つ人と知り合い、人間関係を広げていきます。

そして、その後に進むステップが、「恋愛」。相手に好かれたいという感情を抱き、見た目を磨いたり、相手の心を知りたくて葛藤する経験をします。うまくいくことばかりではなく、告白できず悶々《もんもん》としたり、失恋したり……と、感情の浮き沈みを味わえるのも恋愛の醍醐味。自分の欠点を思い知らされるかもしれませんが、だからこそ、成長もできるのです。

でも、最近は「恋愛が面倒くさい」という人も増えているのだとか。恋愛は、コストパフォーマンスが悪いという理由で消極的になっているようです。確かに、努力しても必ずしも成就するわけではありません。でも、結果だけにこだわるのは、成果主義です。

ほかにも、仕事で忙しくて時間がなく、さらに疲れるようなことをしたくないという声も。駆け引きをしたり、相手のために時間を割いたりすることに疲れるということなのでしょう。

ですが、恋愛はとても大事な学びのステップ。恋人の前でなら、他の人には見せられない一面も自然に出せたりして、〝人を信じる基礎〟ができます。そこで相手を大事に想う気持ちが養われると、恋人以外の周りの人たちにも、やさしくできるようになっていくのです。

最初の問いで、恋愛について「面倒」だとか「恋人は別にいらない」など、否定的な回答を書いた人は、まずその理由を明確にしてみましょう。恋愛がもたらす豊かさを拒否するのは、「人と関わりたくない」と言っているのと同じこと。もっと言えば、「自分のことを他人には見せたくない」と頑《かたく》なになっている状態です。

人と深く関わることへの恐れから、「恋人はいらない」という答えにたどり着いている可能性もあります。あるいは、過去の失恋など、傷ついた経験が尾を引いて、新しい恋に飛び込む勇気が出ない場合もあるでしょう。目を背けず、恋愛に否定的になる理由を分析しましょう。

恋愛に対してプラスのイメージを抱いた人も、なぜそう感じたのかしっかり分析を。ひとりは寂しいとか、いい年なのに恋人もいないのは恥ずかしいといった理由で、恋愛していませんか？　恋人は、あなたの身を飾るアクセサリーではありません。ひとつの人間関係として、大事に育む意識があるのか、見直してください。

かつて15年間行っていた個人カウンセリングでも、「この人と付き合って大丈夫ですか？」という悩みをたくさん聞いてきました。みな、人にもまれていないから、保障がないと付き合うのも怖いと感じてしまうのかもしれません。

でも、そこで誰かに決めてもらうのは依存心。「この人でいいのか」が気になったときに役立つ秘儀を紹介しますから、自分自身で判断しましょう。これは、お互いのオーラで感じ取り、判断する方法です。勇気を出して、気になっている人と手をつないでみてください。オーラが融合しない相手だと、つないだ瞬間に心地よく感じられないなど、「何か違う」と、違和感を覚えます。人の意見を頼りにすると、何かあったときに責任転嫁につながります。「信用していいのは自分だけ」と割り切ることが大切です。

アフターチェック

今の恋愛観を見つめつつ、
人との関わり方を見直しましょう。
目を背けていたことがあれば書き出しましょう。

年　　月　　日

ワンポイント秘儀

恋愛に乗り気でないなら、「今はしない」という決断でも構いません。面倒だと思うなら、しなくてもいい。ただ、自分でそう決めておきながら、落ち込むのは小我だと覚えておきましょう。

Ask
Yourself

SNSやスマホに振り回されていませんか？

あなたは、一日のうちでどのくらいスマートフォン（スマホ）を使っていますか？手放す時間はどのくらいでしょうか？　ＳＮＳに振り回されていませんか？

ＳＮＳやスマホを一日どのくらい使っている？

何のために？

たとえば、仕事で用いたり、学校との連絡などで不可欠という場合もあるでしょう。けれど、プライベートでもずっと使いっぱなしで、家に置き忘れて外出しただけで不安になってしまう場合は、依存度が高いことに気づかなくてはいけません。

寝る前までスマホで遊んでいるのに、「最近、寝不足で……」などと言うのは、自己管理に問題が。就寝前まで使っていると、頭が冴え、質のいい眠りを妨げる恐れもあります。睡眠は、体だけではなく、〝たましいのエナジーチャージ〟にも欠かせません。そういう意味でも、使うタイミングには注意が必要なのです。

私が、使いすぎに警鐘を鳴らす理由はまた別にあります。実は、夢中になっている間に〝ネガティブなもの〟を引き寄せてしまいかねないから。スピリチュアルな視点で言うと、憑依《ひょうい》を呼ぶ可能性もあるのです。昔、「こっくりさん」という遊びが流行ったことを知っている人もいるでしょう。西洋ではウィジャボードと呼ばれるもので、交霊術（霊との交信）に使われていました。ですが、こうした交霊で引き寄せるのは低級な霊。こっくりさんをして具合が悪くなったという人もいるのは、そのためなのです。

もっとも、憑依する霊だけが悪いわけではありません。その霊と同じくらい低い波長を持っていたから、波長の低い霊との「お見合い」が成立するのです。スマホに熱中している間、自分の心が「ここにあらず」になってしまうと、憑依を招く恐れもある。そのことはよく覚えておきましょう。

憑依まではいかなくても、スマホやSNSに夢中になっていたら、「自分と向き合う時間」は減ってしまいます。嫌なことがあったときでも、その原因や改善法を考えもせず、ストレスを発散するためにまたスマホに没頭してしまうと、ますます悪循環に陥ります。軽いつまずきの段階で内観し改善しないから、次にくる試練が雪だるま式に大きくなるのです。

仕事以外では使わない、休みの日は触らないと決めるなど、マイルールを設けて自分で制限をかけ、自衛しましょう。緊急連絡に備えて持っていても構いませんが、見ないと決めたら、周りには「休みの日はスマホを使わない」と宣言を。「返信がこない」と文句を言ってくる人がいても、相手にしないことです。

匿名の掲示板やコメント欄に罵詈《ばり》雑言を書き連ねる人、また、書き込みはしないまでも、喜んで見てしまう人は、どちらも同じ穴のムジナ。そういう人は、芸能ニュースやゴシップを見ても、楽しんでしまうのではないでしょうか。けれど、正直に言って、そんなふうに悪口を言ったり、批判する人は、自分自身の生き方が充実していません。自分が満たされていないから、他人のことなのに過剰に気になってしまうのです。だいいち、他人事なのにそこまで躍起《やっき》になれるのは、時間的余裕があるから。端的に言えば、暇だからなのです。

特に、芸能ゴシップを気にして、ああだこうだと文句を言ったり、批判する人は、自分のなかに「悪魔の心」があることに気づく必要があります。有名人は誰からもちやほやしてもらえて幸せそうだとか、どうせたくさんお金を持っているから、何でも自分の自由になるんでしょ？　といったやっかみが隠れています。でも、どんな立場にいる人でも、表に見える部分だけでは判断できません。〝有名税〟と言われるように、表に出ているぶん、我慢していることもあるでしょうし、苦労もあるもの。そうしたところまで深く考えず、表面だけ見て決めつけてしまうのは、「想像力の欠如」です。スマホやSNSに触れない日を設けるデジタルデトックスをしたり、1週間、ゴシップや穢《けが》れたものを完全にシャットアウトして、心の悪魔断ちをしましょう。

アフターチェック

自分に向き合う時間は取れていましたか。
あなたの中に「悪魔の心」はありませんでしたか。
なぜ、スマホなどに振り回されるか分析して書きましょう。

年　月　日

ワンポイント秘儀

SNSに時間を費やすくらいなら、ドキュメンタリー作品を見て、心のむくみをとりましょう。実際に我が身で経験せずとも、「こういう見方もあるのか」と想像力を働かせることで、奥深い視点を身につけられます。

第６の秘儀をとく鍵

家族との関係、恋愛に対する意識、そしてＳＮＳやスマホとの関わりについて。ここでは、あなたを取り巻く「人間関係」を見つめ直しました。

人間関係は人それぞれ。だからこそ、さまざまな学びができます。導き出した自分の答えをしっかりと頭に入れたうえで、学びを自分のものにしましょう。

キーポイント

1 「類魂の法則」で受け止める

友達、家族、ＳＮＳ上の付き合いなど、あらゆる人間関係の問題を考えるとき、「類魂《るいこん》の法則」を意識してみましょう。

まず、狭義でいう「類魂」とは、霊的世界にいる家族のことを言います。あなたはそこからこの現世に、旅にやってきているのです。これに対し、現世の家族は、「肉の家族」と言えます。家族とあなたの血がつながっていたとしても、それは、あくまでも肉のうえのこと。たましいの視点で言えば、別々の類魂からやってきました。

家族であっても、類魂は別である。この視点がないと、「家族なのにわかってくれない」とか「どうしようもない親の元に生まれて悲惨だ」とか、「私が不幸なのは家族のせい」などと、不満があふれるでしょう。依存心、自己憐憫、責任転嫁が生まれてしまうのです。家族の問題で悩まないためにも、まず、この「狭義の類魂」について、理解してください。

そして、家族以外の人間関係について考えるときも、類魂の視点で分析を。友達も、SNS上の付き合いの人も、さらに言えば見ず知らずの人も、出会う人はみな、広い意味で大きくとらえれば、あなたの類魂です。人類みなが類魂、家族なのだという視点を持つことができれば、どんなことも他人事ではなく、「自分自身の課題」だと受け入れることができます。

キーポイント

2 矛盾に苦しんでこそ

私のラジオ番組に「親を呼び寄せて同居したのに、やっぱり自分の家に帰りたいと言われてガッカリした」という投稿が寄せられたことがありました。親子の問題で悩み、苦しむ人は後を絶ちません。親の介護問題を抱え、施設に預けるのは親不孝ではないかと悩む人もいます。家族のことで悩むとき、みなどうして感情論に走ってしまうのでしょう。たとえ親戚から鬼だと言われようと、自分の置かれている状況ではとても親の面倒が見られないと思うなら、専門家の力を借りて任せたほうがいい。その人の置かれている状況――経済力や体力、環境によっては、したくてもできない現実だってあるのです。

人間、修羅場を潜り抜けていると、「できることはできる、できないことはできない」というシンプルな答えに行きつきます。それこそ戦争経験者は、目の前で爆撃を受けて人が亡くなるのを見て、「助けてあげたかった」とは思っても、「自分が身代わりになってあげればよかった」とまでは思わないでしょう。自分にできることのなかでしか動けないことがわかっているのです。

自分の頭の上のハエも追えないのに、人の頭の上のハエを追うことはできない。できることはできる、できないことはできない。それが、真理です。でも、これを心から理解し、自分の中で得心がいくまでは、「本当は親の面倒を見たい。できない自分が情けない」といった具合に、心の矛盾に葛藤もするでしょう。

でも、矛盾に苦しんでこそ、人生が見えてきます。とことん悩み、矛盾も抱えて考えてください。矛盾は、最良の道を示す「鐘」。あなた自身で考えるための合図なのです。

キーポイント
3 逃避は彷徨う人生の始まり

ＳＮＳにはまってスマホを手放せない。または、ＳＮＳ上の人間関係に執着してしまう。そういう人は、端的に言うと「自己承認欲求」が強いのです。「いいね」をもらいたいのも、自分を認めてほしい気持ち、理解してほしいという気持ちからです。ですが、そういった遊びに興じていると、どんどん自分を見つめ直す時間がなくなっていきます。内観をする〝余白〟がないから、何か問題にぶつかったとき、自分で思考することができず、解決策も見いだせなくなるのです。

現代を生きる人は、いつも何かに追われ、暇ではありません。そのうえ、貴重な時間をＳＮＳやスマホで遊ぶことに割いてしまうのは、現実から目をそらしたいから。逃げの動機でのめりこんでいると、いつまでたっても目の前にある問題や人間関係の課題に向き合えません。ＳＮＳなどに費やす時間があるなら、その暇な時間を自分の身になることを学ぶために使ってみましょう。時間をダラダラ使って無駄にすると、彷徨《さまよ》う人生になります。

第7の秘儀

自分で選んで人生を変える

Ask Yourself

今、着ている服は
本当のあなたを
映していますか？

身につけるもの、着る服にはあなた自身が表れます。学生であれば制服、社会人ならば、オフィスに通勤するのにふさわしいスタイルを優先して服を選んでいるかもしれませんが、ここでは「私服」に着目してください。

どんなテイストの服が好き？

その理由は…

実際に一度手を止めて、クローゼットの中を見に行ってみてください。どんな色の服が多いですか？　デザインはどんなものが多かったですか？　並べてみると、ある程度の傾向が見えてくるでしょう。

惹かれてチョイスしたものには、「あなた」が映し出されています。たとえば、丈の長い服ばかり選んでいる人は、自分が「小さくまとまること」が嫌だという深層心理が隠れています。「小さいこと」にコンプレックスを持っている場合もあります。そうすると、大きく見せたくて、無意識のうちに長いものを選んでしまうのです。

また、女性でフリルが多いデザインが好みの場合、「いつまでも〝女子〟でいたい」という願望が強い状態。精神的にも大人になりきれていない部分があるということです。普段の行動もどこか落ち着きがなかったり、幼い部分が見え隠れするはず。年齢は大人、ファッションは子ども……とちぐはぐな〝多重人格〟にならないよう、本来のあなたと装いを統合させてください。

好みやこだわりがどれほどあろうとも、それが「本当のあなた」には似合っていない可能性もあるのです。でも、一度「これが似合う」と思い込んでしまうと、似合っていない場合でも気づかず、長い間、勘違いファッションをしてしまうことに……。自分に合わない服を着ていると、心の中や言動まで「本来の自分」から遠ざかってしまうので、注意が必要です。

服の勘違いは、不幸のもと。しっくりくるものを選べているか、自分では判断ができないなら、周りに率直な意見を求めましょう。

そして、さらに服で理想に近づいていくこともできます。「名は体《たい》を表す」ということわざがありますが、服もまた体を表します。ですから、ひとつの秘儀として、「理想の姿」をイメージし、その自分が着ている服を先んじて着るという方法があります。たとえば、本当はナチュラルな暮らしがしたいと望んでいるなら、オーガニックな綿素材を使った服を着てみたり、女らしくありたいという理想があるなら、花柄やパステルカラーを取り入れてみましょう。最初は違和感を覚えたり、フィットしないと感じるかもしれませんが、「理想の自分」が明確になればなるほど、似合う自分へと近づけます。服一枚からでも、あなたはあなたの「運命」を変えられる。このことを念頭に置いて、常にどういう自分になりたいのか、それを思い描き、今日着る服を選びましょう。

他人に迷惑をかけないものであれば、何をどう着ようとも個人の自由です。ロンドンにいた頃、街行く人のファッションは実にさまざまでした。もちろん気候が変わりやすい国だからという事情はあるでしょうが、サンダル履きの人がいたかと思うと、ブーツを履いている人もいる。どういう格好をしていても、みな個人の自由を尊重するので、「おかしい」とは言われません。

その点、日本は『世界に一つだけの花』という歌が人気を博したわりに、「個」を尊重しない風潮があります。それゆえ、雑誌などの情報や世間の流行を鵜呑《うの》みにして、「本当の自分」ではないファッションに落ち着く人も多いのではないでしょうか。でも、これはひとえに未成熟だから。たましいが成熟し、自立・自律できていれば、周りと比べずに「本当の自分」を貫けますし、他者の個性を尊重することもできるはずです。

アフターチェック

あなたはどんな服を選んでいましたか。
本来の自分と違うようなら、何が違うか分析を。
本当の自分を貫くのに必要なことも書きましょう。

年　　月　　日

ワンポイント秘儀

周りにファッションチェックしてもらうときは、気を遣ってやさしい嘘を言う人より、厳しい真実をズバリと言ってくれる人に尋ねて。シビアなことを言われても、それが現実と受け止めて、勘違いから脱しましょう。

Ask Yourself

ひとりでも生きる自信はありますか？

決して忘れてはいけないことがあります。それは、人はひとりだということ。生まれてくるときも、死ぬときも、人はひとりです。では、あなたに問いかけます。

ひとりで生きる自信は……

その理由は……

世の中の人は本当に自己憐憫に浸るのが好き。「あなたはひとりではありません」といった甘言を聞いていたいのです。巷には、そういう甘い言葉でくすぐる間違ったスピリチュアルも後を絶ちません。ですが、私は真逆の言霊で、あなたに真実を伝えます。

そうやって誰かに依存することを前提で生きていては、運命を切り拓くことはできません。たとえ結婚してパートナーが傍にいても、やっぱり人はひとりなのです。

孤独を恐れて結婚を焦る人もいますが、結婚したらしたで、浮気やセックスレスなど夫婦間の悩みがいろいろ出てもきます。結婚は、生家とは別に夫婦で新たな学び舎・学校法人を設立するようなものですから、相当な覚悟がないと運営してはいけません。「ひとりは寂しいから」というくらいの動機で結婚すると、現実を見て苦労します。パートナーが他界したり、離婚したりして、突然ひとりになってしまうこともあるのですから。

私は常々、結婚したとしても経済的自立、精神的自立をと伝えてきました。でも、どんなに夫婦間のもめごとがあろうが、別れない。「子どものことがあるから」と、パートナーに依存している人もたくさん見てきました。その人にすがらないと生きていけないという「依存心」。それが精神的な依存であれ経済的な依存であれ、依存心がある限り、つまずいてしまうでしょう。

依存心から結婚を焦りそうになったときは、秘儀として、次の2つを試してください。ひとつは、既婚者の家に遊びに行くこと。そこで家庭のオーラに触れてみるのです。本心から結婚したいわけではない場合や結婚への覚悟が定まっていない場合は、家庭の空気に馴染めません。そしてもうひとつは、いわゆる縁結びの聖地に出かけること。ただし、向き合い方ひとつで、さらに依存心を助長してしまいますから、気をつけて。神様と駆け引きする気持ちで祈るのではなく、真の心で「結婚したいです」と告げられるか、自分の心に問いかけてみましょう。覚悟が中途半端なときは、時期尚早だと直感でわかります。

別の視点を例に挙げましょう。あなたは、人にお願いごとができるタイプですか？あるいは頼めないタイプでしょうか？　どちらに近いのかを考えてください。

甘え上手で、何でも人に頼める人のほうが世の中を上手く渡っていけると思うかもしれませんが、長い目で見たら、決して得はしません。そんなふうに他者に依存して生きていると、自立できないからです。

人生は、責任主体。つまり、自分自身の責任において行動していってこそ、本当の幸せをつかみとれるのです。誰かに依存して何とかしようと考えるのは責任転嫁の生き方ですし、平たく言えば、ずるい手段をとっている状態。この手のタイプは、どこかで「やってもらって当たり前」になっているので、何かしてもらっても、「ありがとう」と感謝を伝えることさえ忘れがちです。そういう人が、大事にされると思いますか。自分が相手を尊重していないのに、人からは何でももらおうと欲張る状態は、決して美しいものではありません。

「人」という字は人と人が支え合っている姿だというのは、誤解。正しくは、人がひとりで歩いている姿を表しています。実際の人間関係においても、基本はひとりで歩いていくことが大事です。本当に困ったときには支え合っていいとしても、平時から気安く人にお願いごとをしたり、頼るのは甘えなのです。

アフターチェック

ひとりで生きられるか否か分析できましたか？
これからの生き方を見つめ、どう運命を築いていくか、
あなたのビジョンを書きましょう。

年　　月　　日

ワンポイント秘儀

頼みごとをしたときは、お礼をきちんと。何事も〝お代〟がかかるのです。また、仕事で何か頼むときは口頭だけではなく、「よろしくお願いします」とメモを残すと、気持ちよく仕事を進める護符になります。

Ask Yourself

〝もしものとき〟を
考えていますか？

人生は、いつ何があるかわかりません。自分の身に何か起きることもあれば、家族など身近な人に問題が起きて、あなたの環境が変わってしまうこともあるでしょう。あなたは普段から、そうした〝もしものとき〟をきちんと考えていますか？

〝もしものとき〟を考えている？

具体的にしていることは…

究極を言うと、何もないときから〝もしものとき〟を念頭に置いて生きることこそが、幸せになる秘訣です。皆さんは、「そんな非常時のことを考えるのは怖い」とか「気分が下がる」と思うかもしれません。でも、考えたほうが、今を充実させようと、前向きな覚悟を決められるのです。

明日どうなるかわからない。もし、そう思っていたら、人間関係で悩むのももったいなく感じるはず。自分の時間をわざわざ割いてまで考えるのは、時間の無駄だと気づけるからです。些末《さまつ》なことに心を向けるより、自分にとって大事なことに時間を割こうと思えるようになれば、生き方も変わります。

身近に何か急変が起きたとき、慌てふためかないようにするためにも、日頃から「有事」を想定しておくほうがいいのです。何より、悔いのない生き方をするためにも、しっかり考えておけば、自分を護ることもできるでしょう。

たとえば、親が体調を崩したら、多くの人は面倒をみなきゃと思うでしょう。でも、前もって〝もしものとき〟を想定し、親に「どうしてほしいか」のオーダーを取っておかないと、トラブルのもと。うどんが食べたいとき、ケーキ屋に買いにはいかないでしょう。それと同じで、望むことは何かオーダーを聞いたうえで、あなたにできることとできないことを客観的に分析しておかねばなりません。そういう意味では、エンディングノートを書いてもらうことも、オーダーをとる方法のひとつ。延命治療を受けるか否か、葬式は簡素にしてほしいなど、希望を聞いておくことは、未来への備えになります。

もちろん、あなた自身の〝もしものとき〟についても、あなたが今、何歳であれ、考えておきましょう。イメージしづらいなら、余命半年だと想像してみてください。限りがあると思えば、無駄なことはしないし、しておきたいと思うことは行動に移そうとするのではないでしょうか。たとえば、「振られたら……」と告白をためらっていた相手に、想いを告げる決意をするかもしれません。あるいは恋愛より優先したいことが出てくることもあるでしょう。

〝もしものとき〟が急に訪れることもあります。だからこそ、「いつ何があっても悔いはない」と日々腹をくくって生きることが大切なのです。

常に〝もしものとき〟に備える気持ちを忘れないためにも、秘儀をひとつお教えします。人間、平穏に過ごしているときは〝備え〟をおろそかにしがちですから、そうならないように、「音」を利用しましょう。おすすめは、ウィンドチャイム。玄関の出入りをすると音が鳴るチャイムをつけておくのです。カランコロンと鳴るその音を聞いたら、「もしものときのこと、考えているか」と自問してください。

自然災害などの〝もしも〟を恐れる人もいるかもしれませんが、寿命という「宿命」は、あなた自身、ひいてはあなたの類魂が決めてきたカリキュラムです。ですが、今このときからこの世を去るそのときまで、どのように人生を歩むかは、「運命」です。「宿命」をケーキのスポンジとたとえるなら、「運命」はデコレーション部分。土台は決まっていますが、その土台の特徴をつかんでいれば、それに合った飾りつけを選べるのです。自分のスポンジがどんな素材かを知ること。幸せな人生を創っていくためにも、本当の自分を知らなければなりません。

アフターチェック

あなたにとって大事なことは何ですか？
〝もしも〟のときを想像し、
自分にとって大事なことを書き出しましょう。

年　　月　　日

ワンポイント秘儀

〝もしものとき〟を意識するためのウィンドチャイムは、日常の守護にもなります。外であったネガティブなことを引きずらないように、毎日玄関を出入りするたびに音霊《おとたま》で祓いましょう。

第7の秘儀をとく鍵

あなたが身につけるもの、ひとりで生きる自信について、そして〝もしものとき〟についてあなたに尋ねました。答えは導き出せましたか？

ここでは、宿命と運命の違いなど、さらに理解しましょう。言葉こそ似ていますが、２つは別物です。自分で選んで人生を変える秘儀がそこにあります。

キーポイント

1 自分のこと以外は全部オプション

人は基本、ひとりで生きることを中心に考えないといけません。結婚も、子育ても全部「オプション」です。結婚したところで将来安泰ではなく、離婚も死別もある。子どもを必死に育て上げても、子育ては「ボランティア」ですから、やがては巣立っていくのです。

個よりも家を重んじる日本人は特に、主従が逆転して、本来オプションであるはずのほうを主軸に据え、もがいているように感じます。軸がずれているから、おかしくなってしまうのです。子育てが終わった途端、生きがいを失う「空の巣症候群」になるのは、まさにオプションがすべてと思ってきた人でしょう。

友達もオプションです。オプションにしておかないから、縁切りできずにもめたり、「あんなにしてあげたのに、裏切られた！」と憎んだりする。ですが、そこまで嫌なら、そのオプションをやめればいいだけのことなのです。

あなたは旅を計画するとき、オプションありきで旅先を考えるでしょうか？　どこに行きたいか、場所を決めるのが先ではありませんか？　人生も同じこと。自分の運命を築くときは、まず、何よりも目的地を決めて、そこに向かって歩んでいくことが大事なのです。人間関係も全部オプション。そう思えば、いちいちくだらないことで悩まなくなります。

自分以外のことはすべてオプション。そう言うと、薄情だとかわがままではないかと感じるかもしれません。でも、そう割り切ったほうが、人生を自己責任で切り拓けます。

キーポイント

2 孤高とは自分で自分のおもりをすること

イギリスには、孤独担当大臣がいることをご存じですか？ 900万人とも言われる「孤独」を感じる人たちに、孤独解消を……と、国を挙げた政策として取り組んでいるわけです。個人主義のお国柄か、確かに昔から独居のお年寄りは多かったように思います。

でも、公園で「いいお天気ね。洗濯をたくさんしなくちゃいけないから忙しいわ」なんて具合にコミュニケーションをとれば、孤独ではありません。

繰り返しになりますが、孤高は、幸せに生きるために絶対に必要不可欠な心構えです。他者に依存せずにいれば、「家族なのに助けてくれないなんて」などと文句は出ません。反対に、自分を律し、自分で自分を〝おもり〟できない人は、この先も悩みが尽きないでしょう。自律と自立ができていれば、人に何かしてもらったら、自然に感謝も湧き、幸せの数を数えて生きられるでしょう。

孤独を恐れることはありません。孤独死だなんだと騒ぐのはナンセンス。ひとりで立派に生き抜いてひとりで死んでいくことは、孤独でもなければ「かわいそう」でもないのです。

孤独を知るからこそ、人の親切も身に沁《し》み、そのぶん周りにもやさしくなれるのですから。

キーポイント

3 「運命の法則」に沿って本当の幸せを創る

幸せは自らの手で築いていくもの、あなたが創り上げる運命です。そして、幸せは人と比べるものではありません。よく「世の中にはもっと大変な人がいるんだから」などと言う人がいますが、人と比べて自分は安心するというのは、愚かなこと。他者を蹴落としてでも幸せになろうとする人も世の中にはごまんといますが、そんなふうに負のカルマの種を蒔いていていては、到底、本当の幸福は得られません。

国連の関連団体が2019年に発表した世界の国の「幸福度」をはかるランキングで、日本は、先進国主要7ヵ国の中では最下位。社会の自由度や他者への寛大さを評価する数値が低かったそうです。あなたは今、実感として、幸せを感じているでしょうか？　感じているという人も、それは本当のあなたが望む幸せなのか、自己分析してみましょう。

本当の幸せを手に入れるためには、まず、「本当の私」を知り、そのうえで、その自分が何を望んでいるのかを探っていかねばなりません。幸せになるもならないも、あなた次第。あなたが自らの「宿命」のうえにどうデコレーションを加えていくか、創意工夫の仕方ひとつで、仕上がりは違ってきます。

世の中の人は、自己憐憫・責任転嫁・依存心という「つまずきの三原則」にはまって、自ら不幸を引き寄せています。本当の幸せを望むなら、「運命の法則」はもとより、8つの法則を真に理解し、実践を。法則は、〝標識〟のようなもの。人生というドライブも、法則がなければ、目的地に安全にたどり着けません。

最後の扉

おめでとうございます。この最後のページまで読み進めることができたということは、「7つの秘儀」を手に入れ、本当の自分を知ることができた、ということ。この本は、非常に難しい一冊だったのではないでしょうか。自分で自分のことがわかっていないと、まったく先に進めなかったはずです。

「自分らしく生きたい」と口では言っていながら、実際はすぐ周りと自分を比べたり、世間一般の価値観に振り回されている。そんなふうに「本当の自分」がわからないままでは、本当の幸せを得ることは不可能なのです。ですから、あなたがこの一冊を通して、自分の本当の気持ちを洗いざらい書き出し、見つめられたなら、それこそが、スピリチュアルな成就を迎えるための大いなる一歩になります。

物質的価値観でいう幸せは、はかないもの。たとえば、お金や地位や名誉はあの世まで持ち帰ることはできません。でも、たましいが経験した喜怒哀楽、乗り越えた試練は、たましいの宝となって刻まれます。「本当の自分」を知ることができた人は、この宝を手にするスタート地点に立てたようなもの。「私の生き方はこれなんだ」と腹をくくれたら、人と比べなくなり、妬みや劣等感からも解放されるでしょう。人から何を言われても気にしない不動心を身につけることもでき、結果的にどんな理不尽からも身を護れます。

本当の自分を知り、ぶれない軸を持つこと。それができれば、あなたの中から泉のようにエネルギーが湧いてきます。それは言ってみれば、あなた自身がパワースポットになるということ。自分自身の力で、幸せを創れるのです。

この世で、たったひとり嘘をつけない人がいます。

それは、「あなた自身」です。どんなに取り繕っても、嘘をつこうとしても、あなたには本心がわかるはずです。もし、途中で見えなくなったら、何度でもこの本を開き、何度でも書き直して、本当の自分を見つめてください。

自分という素材がわかっていなければ、料理はできません。人生の時間は、あなたが今思っている以上に短いもの。ひとつのことを為すのに、一生では短すぎるくらいなのです。時間は命。ですから、どうかその貴重な命を無駄にせず、料理を始めてください。

自分自身を軸に考えたら、そのほかのことは全部オプション。オプションで悩むことはありません。悩みをこしらえているのは、あなたなのです。目の前にあるのは「問題」だけ。そしてこの問題は、スピリチュアルな「8つの法則」をもとにすれば、必ず解くことができます。

「7つの秘儀」は、いわば〝7つの扉〟。これは、「スピリットの法則」「ステージの法則」「波長の法則」「因果の法則」「守護の法則」「類魂の法則」「運命の法則」がベースになっているものです。そして、これらの7つの法則を真に理解し、人生の中で実践できてこそ、最後の扉＝「幸福の法則」を開くことができます。

本当の幸せを手に入れられたかどうか。それは、人生の終わりを迎えるとき、いえ、スピリットの世界に戻ってから、ようやくわかることかもしれません。そのときまで、霊的真理を軸として自律し、「本当の自分」で生きていきましょう。

悔いのない〝旅〟を！

江原啓之

本文イラスト　中山玲奈
編集協力　湯川久未
ブックデザイン　小口翔平＋岩永香穂（tobufune）

江原啓之　えはら・ひろゆき

スピリチュアリスト、オペラ歌手。日本スピリチュアリズム協会代表理事。吉備国際大学、九州保健福祉大学客員教授。1989年にスピリチュアリズム研究所を設立。著書に『スピリチュアル プチお祓いブック』『星月神示 あなたが生まれてきた意味』（ともにマガジンハウス）、『厄祓いの極意』（中央公論新社）、『運命を知る』（PARCO出版）、『スピリチュアル・リナーシェ 祈るように生きる』（三笠書房）、『あなたが輝くオーラ旅 33の法則』（小学館）、『聖なるみちびき イエスからの言霊』（講談社）など、共著に『たましいを癒す お祓いフィトセラピー』（マガジンハウス）がある。

人生を変える7つの秘儀

2019年6月7日　第1刷発行

著　者　　江原啓之
発行者　　鉄尾周一
発行所　　株式会社マガジンハウス
　　　　　〒104-8003 東京都中央区銀座3-13-10
書籍編集部　☎03-3545-7030
受注センター　☎049-275-1811
印刷・製本所　大日本印刷株式会社

マガジンハウスのホームページhttp://magazineworld.jp/

ISBN978-4-8387-3054-4　C0095

本書は「アンアン」2066号（2017年8月23日）～2117号（2018年9月12日）をベースに、大幅に加筆修正、再構成いたしました。